Ralf Kramp

99½ Orte in der Eifel

... um die Sie einen großen Bogen machen sollten!

KBV

Für Hejo Emons, der uns mit gefühlt einhundertundelftausend Tipps die außergewöhnlichen Seiten der Welt gezeigt hat.

2. Auflage 2024

www.kbv-verlag.de · E-Mail: info@kbv-verlag.de · Tel. 0 65 93 / 998 96-0

Layout: Sabine Hockertz, KBV
Druck: BuchdruckZentrum, Prüm

ISBN 978-3-95441-633-2

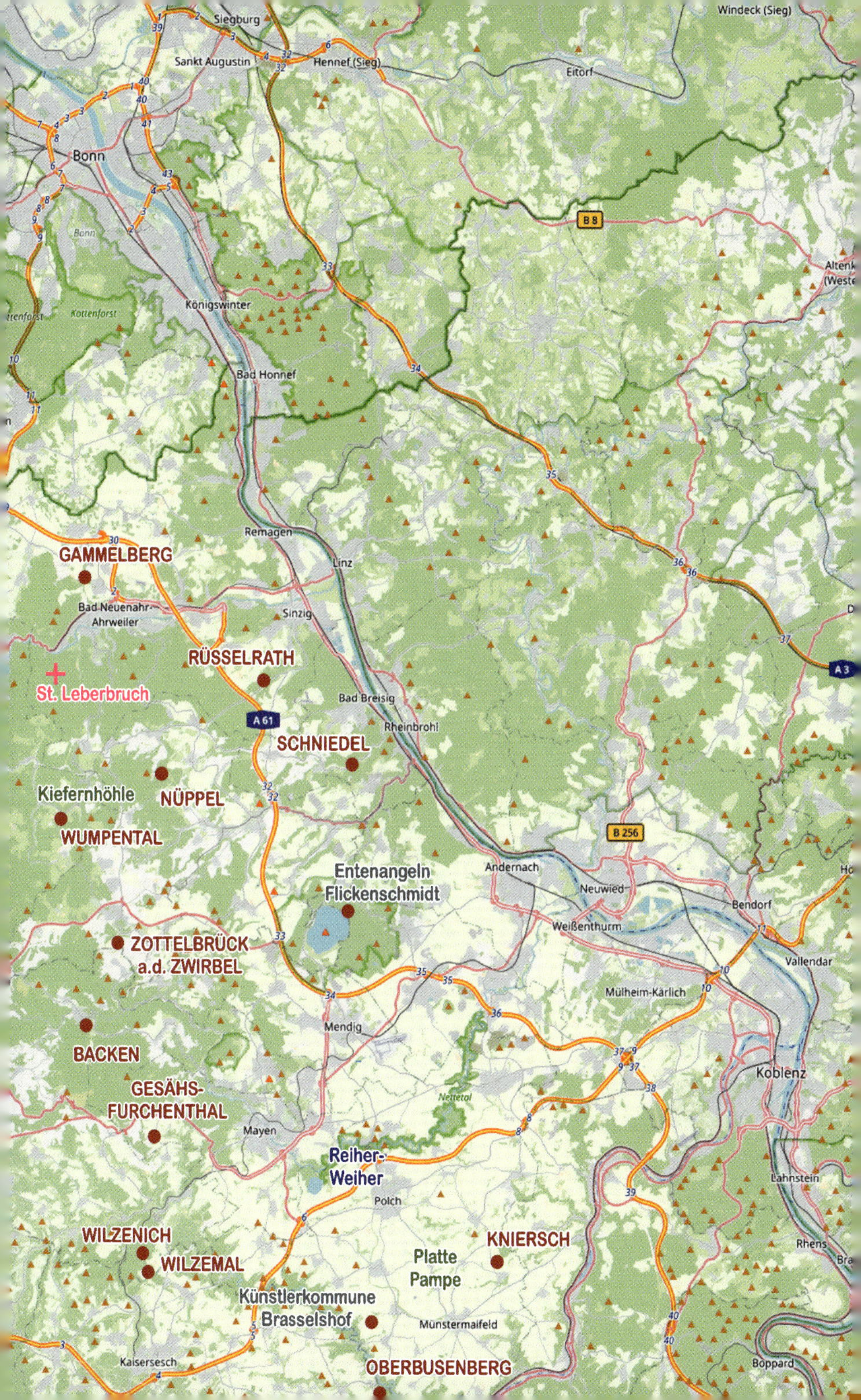
Siegburg
Windeck (Sieg)
Sankt Augustin
Hennef (Sieg)
Eitorf
Bonn
B 8
Kottenforst
Königswinter
Bad Honnef
Remagen
Linz
GAMMELBERG
Bad Neuenahr-Ahrweiler
Sinzig
RÜSSELRATH
St. Leberbruch
A 61
A 3
Bad Breisig
Rheinbrohl
SCHNIEDEL
Kiefernhöhle
NÜPPEL
WUMPENTAL
B 256
Entenangeln
Flickenschmidt
Andernach
Neuwied
Bendorf
Weißenthurm
ZOTTELBRÜCK
a.d. ZWIRBEL
Vallendar
Mülheim-Kärlich
Mendig
BACKEN
Koblenz
GESÄHS-
FURCHENTHAL
Nettetal
Mayen
Reiher-
Weiher
Lahnstein
Polch
WILZENICH
WILZEMAL
KNIERSCH
Platte
Pampe
Rhens
Künstlerkommune
Brasselshof
Münstermaifeld
Kaisersesch
OBERBUSENBERG
Boppard

Vorwarnung!

Wollen wir ehrlich sein: Dies ist im Grunde genommen kein richtiges Vorwort, sondern eher eine Art nachdrücklicher Warnung. Wie der Titel des Buches schon vorweg nimmt, finden Sie auf den nachfolgenden 200 Seiten Orte, Plätze, Firmen, Institutionen und Menschen, denen Sie bei Ihrem Besuch in der Eifel tunlichst aus dem Weg gehen sollten. Sie sind großflächig über das gesamte Mittelgebirge verstreut, und auch die meisten Eifelbewohner ahnen oft nicht einmal etwas von ihrer Existenz. Das ist gut so, und das soll auch so bleiben. Daher also die Warnung: Studieren Sie das brisante Material der folgenden Seiten, und seien Sie auf der Hut!

Sollte Ihnen eine dieser absonderlichen Gestalten begegnen, drehen Sie um, machen Sie kehrt, fahren Sie einen Umweg! Meiden Sie die Dörfer und Städtchen, die hier beschrieben werden, halten Sie sich von den schrägen Typen fern! Sie sind womöglich im Grunde ihres Herzens keine wirklich schlechten Menschen, und auch mit dem, was sie tun, richten sie im günstigen Fall vielleicht nicht allzu großen Schaden an. Auch die beschriebenen Gebäude und Ortschaften könnten bei besonders schönem Wetter, nach kräftigem Alkoholgenuss oder mit einer beruhigenden Medikation vielleicht sogar einen bizarren Charme ausüben. Aber es ist nun einmal nicht daran zu rütteln, dass es für Leib und Seele einfach gesünder ist, einen Bogen um sie zu machen.

Es war eine mühselige, ja manchmal fast schmerzhafte Aufgabe, all diese Orte ausfindig zu machen. Es sind nicht viele, nur 99 ½. Trotzdem schlimm genug …

Die Schönheiten der Eifel – unsere traumhafte Landschaft, die herzlichen Menschen und all die beglückenden Erlebnisse, die man hier machen kann – von ihnen gibt es gottlob so viel mehr! Auf die sollten Sie sich konzentrieren, die sind es, die einen Eifelbesuch zu einer Reise ins pure Glück machen. Die sind es, durch die das Leben hier in unserem beschaulichen Landstrich am westlichsten Zipfel der Republik so lebenswert ist.

So, jetzt sind Sie also gewarnt. Sie haben es selbst in der Hand. Folgen Sie meinem Rat, bevor hinterher einer weint!

Ihr Ralf Kramp

Die bunte Vielfalt des Unbehagens

AUSSERGEWÖHNLICHES
BRAUCHTUM
EROTIK
HISTORIE
KULINARIK
KULTUR
KUNST
LITERATUR
MEDIZIN
MUSEUM
MUSIK
NATUR
SPORT
TOURISMUS
VERKEHR
WIRTSCHAFT
WISSENSCHAFT

Gläser für die Ewigkeit

Das Einmachmuseum in Bratzweiler

Das Beste am winzigen Ort Bratzweiler am Nordufer des Rursees ist die Straße, die genauso schnell hinein- wie auch wieder herausführt. Wer die Geschwindigkeitsbegrenzung außer Acht lässt, hat es schon nach einer halben Minute geschafft. Dem entgeht aber auch das Schild, das neben der Bushaltestelle auf das »Einmachmuseum Margarethe Schwulz« hinweist.

In dritter Generation schon sammelt die 84-jährige Margarethe Schwulz Eingemachtes und zeigt interessierten Besuchern gerne ihre Schaustücke. Dickwandige Gläser voller Obst und Gemüse stehen im niedrigen Bruchsteinkeller, Seite an Seite in endlos scheinenden Reihen staubiger Holzregale. Blasse, aufgequollene Fruchtkörper, mit rissiger Oberfläche und faserigen Narben, schweben scheinbar schwerelos im gallertartigen grüngelblichen Sud. Knorpelkirschen, Speierlinge, Saubohnen und Blutapfel erinnern an die anatomische Sammlung im Naturkundemuseum.

»Dass sie so blass aussehen, liegt am spärlichen Licht, das für den guten Erhalt dringend notwendig ist«, erklärt Margarethe Schwulz. »Im Tageslicht sehen sie aus wie frisch gepflückt.« Hier im Keller wirken sie eher wie frisch verdaut.

Auch einige erfreulicherweise längst ausgestorbene Obstsorten wie der Eifeler Würgapfel, die Warzenbirne oder die berühmte Schorfzwetschge sind hier noch zu bestaunen.

»Ein paar großartige Jahrgänge reifen hier heran«, schwärmt sie und deutet im Vorübergehen auf ein Regal mit neueren Gläsern. Zu fast jedem Ausstellungsstück weiß sie etwas zu erzählen: »1951 gab es viele Nacktschnecken. Wahrscheinlich sind das nicht alles nur Senfgurken da in dem Glas.«

Die meisten Exponate sind schon mehrere Generationen lang im Familienbesitz. Margarethe Schwulz erklärt, dass schon ihre Mutter und Großmutter einkochten und ihre Schätze hier einlagerten. Zwei Kriege hat die stolze Sammlung schon überstanden. Einige der Familienerbstücke sind mit handgeschriebenen Kärtchen aus brüchigem Karton besonders gekennzeichnet. »Diese Gläser mit Marillen hat Großtante Helene auf ihrer Flucht aus Ostpreußen mitgebracht, und der Rumtopf hier ist von meiner Großmutter im Jahr 1904 angesetzt worden. Jedes Jahr an ihrem Geburtstag öffnen wir ihn und essen ein paar Obststückchen. Wir brauchen dann immer ein Jahr, um uns davon zu erholen.«

Dass empfohlen wird, Obst roh und das Gemüse schonend gegart zu verzehren, hält Margarethe Schwulz für Frevel. Sie kocht alles, was sich nicht wehrt, in Brühe, Weinbrand oder Spiritus ein.

02

Schnaxeln, Schlamm & Schnupftabak

Das Hardcore-Blasmusik-Festival Backen

Einmal im Jahr zittert rund um den beschaulichen Weiler Backen in der Osteifel buchstäblich die Erde. Da vibrieren die Dachschindeln unter den grellen Klängen von Klarinette und Flügelhorn, Trompetentöne lassen die Fensterscheiben klirren, und im nahen Wald reißt das Dröhnen der Tuba das Laub von den Bäumen. Wenn am letzten Juliwochenende bis zu achtzigtausend Menschen aus dem deutschsprachigen Raum ein Wochenende lang das kleine Dorf mit seinen fünfundvierzig Einwohnern belagern, dann findet »Dicke Backen Open Air« statt. Ein Name, der für Liebhaber der Volksmusik klingt wie ... Volksmusik.

Jedem anderen wird empfohlen, das Festivalgelände großräumig zu umfahren. Man spürt, dass man sich dem Kultgelände – von Insidern »Holziger Grund« genannt – nähert, wenn sich die Schrauben aus dem Armaturenbrett lösen oder sich in der Frontscheibe Haarrisse ausbreiten. Sollte man das eigene Autoradio nicht mehr hören können, ist es zu spät.

Die Jüngerinnen und Jünger der Dicke-Backen-Musik reisen mit ihren Eriba-Puck-Wohnanhängern, mit ochsengezogenen Planwagen oder mit dem Opel Kadett an und campen auf einem riesigen Gelände, das während des restlichen Jahres durch Felderwirtschaft mit wechselnder Fruchtfolge genutzt wird. Sie tragen traditionell Lederhose und Dirndl – manchmal auch die weiblichen Fans –, und sie trotzen Wind und Wetter, das bei ungünstiger Witterung auch schon mal die sorgfältig vorbereitete knietiefe Schlammfläche in eine trockene Wüste verwandelt.

Kapellen wie das »James-Blasorchester«, die »Spackenfurther Spaßbremsen« oder die »Fidelen Rudelbumser« sind mit ihren wuchtigen Polkarhythmen seit dem ersten Festival im Jahr 1990 dabei. Ihre Auftritte gehören zum alljährlichen Line Up wie das unnachahmliche Schellenbaumsolo von Ossi Osthorn von den »Schwarzwald Sabblern«.

Hier findet sich alles auf der Bühne, was in der Blechmusik-Szene Rang und Namen hat, und peitscht die Stimmung mit Evergreens wie »Alte Kannibalen«, dem »Pillentaler Blutdruckmarsch«, »Wiener Wurst« oder »Auf der ganz schön blauen Doris« von Höhepunkt zu Höhepunkt. Jüngere Blasmusikkapellen wie »Einstürzende Heuschober«, »Krawallica« oder »Treckermotör« schlagen seit einigen Jahren deutlich härtere Töne an und setzen auch Instrumente wie Dreschflegel oder Waffeleisen ein.

Bei gutem Eifeler Regenwetter kommt erst so richtig das wilde Backen-Schlamm-Feeling auf.

Mit diesem epochalen Gig fing im Sommer 1990 alles an: Das Herzbecker Wildbuben-Trio mit seinem No. 1-Hit *»Noh siebzehn Obstler zähl i doppelt«.*

»Die mopsfidelen Hirselhühner« spielen: *»Hier kommt der Klarinettenbär!«*

03

Rustikaler Körperschmuck

Die Tattoo-Schmiede in Nüppel

»Tattoo-Thorsten« Bilsenbach hat seine Leidenschaft zum Beruf gemacht. In der alten Schmiede am Ortsrand von Nüppel in der Osteifel erschafft er Körperkunst der besonderen Art. Mit Lötkolben, Stechbeitel und Drahtbürste überträgt er sowohl die Wunschmotive seiner Kundschaft als auch eigene Entwürfe abseits jeder überflüssiger Filigranität mit urwüchsig ungehobeltem Strich auf jedes gewünschte Körperteil. Statt der üblichen Drachen, Spinnen und Zombies hat er sich auf eifeltypisches spezialisiert und sticht mit Vorliebe Kühe, Trecker oder Ortsansichten.

Ist das Motiv erst einmal ausgesucht, stürzt sich Thorsten mit verbissener Schaffenskraft auf die Arbeit. Eventuell auftretenden Änderungswünschen beugt er gleich zu Beginn durch Verabreichung einer halben Flasche Eifeler Obstbrand vor. Die andere Hälfte trinkt er.

Zunächst skizziert er grob das Motiv, wobei er gerne großflächig arbeitet. »Kann schon sein, dass dann mal aus einer Arschbacke das ganze Bein wird«, erklärt er, oder: »Als mir mal ein Brusttattoo ein bisschen zu breit geraten ist, musste ich auf dem Rücken weitermachen.«

Die Ausarbeitung des Kunstwerks kann sich dann je nach Darstellung schon einmal über mehrere Tage hinziehen. Die dauerhafte Sedierung der »lebenden Leinwand« wird dabei durch die kontinuierliche Gabe von weiteren Litern Obstbrand gewährleistet. In die letzten Ausläufer dieses Rauschzustands fallen dann schließlich planmäßig Endabnahme und Bezahlung.

Erlernt hat Thorsten Bilsenbach in seiner Jugend das Schmiedehandwerk, was ihm heute sehr zugute kommt. Bei temporären Tattoos, die nur für ein oder zwei Abende einen hübschen Effekt auf dem Dekolleté oder dem Oberarm erzielen sollen, benutzt er verschiedene Eisenhämmer und Zangen, um besonders schillernde Farbenspiele zu zaubern. »Das hat mich früher schon nach jeder Kirmeskloppererei fasziniert! Nach anderthalb bis zwei Wochen ist das wieder weg.«

Für seine permanenten Tätowierungen jedoch verwendet er Stoffe, die er seit Jahrzehnten kanisterweise hortet: »Die guten alten Nitrofarben« vergangener Zeiten oder Holzschutzmittel, die man früher noch im Landhandel kaufen konnte. »Auch mit Altöl lassen sich tolle Effekte erzielen«, schwärmt er.

Macht großes Tamtam um seine Tattoos: Thorsten Bilsenbach. »Die Tätowierungen sehen so verdammt scheiße super mega echt aus! Das tut verdammt noch mal richtig in den Augen weh, Leute, echt!«

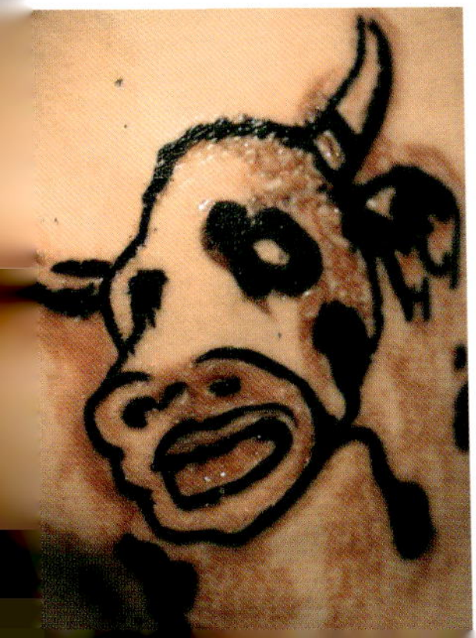

04

Weder Glanz noch Glamour

Die Filmwelt von Knollenfurth

Die Entstehung der Filmstudios in Knollenfurth in der Nordeifel ist eine echte Misserfolgsgeschichte. Im Herbst des Jahres 1975 strandete hier in einer üblen Unwetternacht ein kleiner Fahrzeugkonvoi, weil die B51, auf der man zum Flughafen Köln-Bonn unterwegs war, wegen eines Felsrutsches bei Eicherscheid gesperrt war. Es gab kein Weiterkommen. Für eines der berühmtesten Filmprojekte aller Zeiten bedeutete dies eine Katastrophe: *»Der Weiße Hai«* war kurz vor der Fertigstellung, nur eine einzige kurze Szene musste nachgedreht werden, doch der titelgebende Hai war zerstört, und eines der vier Doubles, die bereits zu PR-Zwecken auf dem ganzen Erdenrund verteilt waren, sollte aus Europa eingeflogen werden, der Zeitplan war knapp und kaum einzuhalten.

Rettung nahte, als der Schlossermeister Hejo Mayer und seine Frau Meta kurzerhand sowohl ihren privaten Pool als auch ihre Goldfische zur Verfügung stellten. Heute weiß niemand mehr, dass die Großaufnahme des legendären Raubfischs in der Minute 1:23:44 des cineastischen Meisterwerks in einem Eifeler Kellerschwimmbecken entstand. Da das Wasser des überaus sparsamen Ehepaars nur knietief war, behalf man sich mit 147 Rollen Zellophanfolie aus dem örtlichen Kaufladen, so wie es auch lange Jahre in der Augsburger Puppenkiste erfolgreich praktiziert worden war. Am nächsten Morgen war schließlich der fehlende Filmschnipsel im Kasten und erreichte Hollywood gerade noch rechtzeitig.

Die Ehefrau des hilfsbereiten Knollenfurther Schlossermeisters aber hatte bei dieser Aktion Blut geleckt. Sie überredete ihren Mann, die Montagehallen leer zu räumen, und sie erwarben die Pappkulissen der Theatervereine aller umliegenden Dörfer. Sie gründeten das Filmstudio »Meta Goldfisch Mayer« und ließen den Ortsnamen Knollenfurth in riesigen Blockbuchstaben auf einen Hügel montieren.

Doch die Rechnung ging nicht auf. Die Filmbranche zeigte nur mäßiges Interesse, und die wenigen Produktionen, die hier entstanden, beschränkten sich auf Genrefilme wie *»Hochwürden hängt am Glockenseil«*, *»Eifel-Bräute, heiß wie Lava«* oder die seichten Komödien *»Die Rückkehr der reitenden Luschen«* und *»Frau Oberst lötet im Akkord«*.

Man machte später den verzweifelten Versuch, ein wenig Geld über geführte Studiotouren zu erwirtschaften, und stellte einen lebensgroßen Hai aus Salzteig aus, doch auch dieser Versuch scheiterte.

Das Letzte, was noch an den Filmruhm des Dorfes erinnert: Für die fünfzehn Meter hohen Blechbuchstaben musste die beliebte Rodelpiste des Dorfes dran glauben.

Auf dem Haifisch aus Salzteig im alten Schwimmbecken wachsen heute Pilze, die Meta Mayer auf dem Wochenmarkt verkauft.

Waren dem Traum vom Jet-Set-Leben ganz nah: Meta und Hejo Mayer

05

Highway to Hell!

Die marodeste Straße der Eifel

Einen solchen Titel muss man sich erst einmal verdienen. Die rheinland-pfälzische L 211,5 liegt im deutsch-luxemburgischen Grenzgebiet und verbindet die beiden Dörfer Birtzelberg und Faulhaufen. Dem Touristen ist es nicht angeraten, sich dieser Straße mit einem Fahrzeug gleich welcher Art zu nähern.

Der stellenweise original erhaltene Straßenbelag stammt aus dem Jahr 1839, also aus einer Zeit, in der man bei der Verwendung von Teer im Wegebau durchaus noch in der Experimentierphase steckte. Dass ein Traktor samt Anhänger, eine Kuhherde und der einwöchig verkehrende Postbus bei der Aufbringung dieser ersten Asphaltschicht der noch nicht abgeschlossenen Trocknungsphase nur wenig Beachtung schenkten, ist heute noch an den damals entstandenen, tief eingepressten Spurrillen und Hufabdrücken ablesbar, in denen sich regelmäßig Regenwasser sammelt, das dann im harten Eifelfrost stets mühelos große Teile der Straße einfach wegsprengt. Aber sowohl die Panzerketten als auch der Bombenhagel der Kriegsjahre degradierte diese Schäden zu Nebensächlichkeiten. Heftige Erdrutsche und großflächige Unterspülungen spielten dann in den folgenden Jahrzehnten der L 211,5 ebenso übel mit wie die Straßenblockade protestierender Landwirte, bei denen gewaltige Stahlpfosten eingerammt und Feuer eingesetzt wurde. Im Jahr 1983 lenkte schließlich der dramatische Unfall eines Chemielasters den Blick der Öffentlichkeit auf die Straße. Die dabei hektoliterweise austretende Säure konnte rasch in die Felder gespült werden, sodass nur über eine Streckenlänge von neunhundert Metern die Deckschicht Wellen warf.

Markierungen werden auf der Asphaltdecke schon lange nicht mehr aufgebracht, denn für das Markierungsfahrzeug ist die Straße zu uneben. Vieh wird auch nicht mehr hierhergetrieben, denn allzu oft sind Verluste durch spurlos verschwindende Kälber oder Hütebuben zu verzeichnen.

Ein Journalist glaubte 2004 einer großen Verschwörung auf der Spur zu sein, als er herausfand, dass die Filmaufnahmen der ersten bemannten Mondlandung in Wirklichkeit auf der L 211,5 entstanden.

Die L 211,5 ist die einzige Landesstraße, deren Sanierung auf der Dringlichkeitsliste beim Landesbetrieb Mobilität Rheinland-Pfalz seit 53 Jahren ununterbrochen den ersten Platz belegt. Eine Tradition, die alle Beteiligten in den zuständigen Behörden sehr stolz macht.

Bei der provisorischen Verfüllung der Bombentrichter kamen Trümmer, Haushaltsabfälle, Rasenschnitt und auch der Aushub mehrerer Neubaugebiete zum Einsatz. Dass dabei auch marodierende Maulwürfe umgesiedelt wurden, führte nicht gerade zur Stabilisierung der Straße.

Demnächst avanciert der Ausbau L 211,5 sogar zum vorrangigen Infrastrukturprojekt der Bundesregierung. Was das für die Zukunft der Straße bedeutet, lehrt die Erfahrung der Vergangenheit.

06

My Home is my Bunker

Das ungewöhnliche Eigenheim der Familie Flönz

Die zahllosen Bunker des Westwalls wurden inzwischen fast ausnahmslos gesprengt. Eines der wenigen noch existierenden Exemplare ist der Bunker mitten im Neubaugebiet des Dorfes Ruepel auf dem Felde. Er liegt auf dem Grundstück der Familie Flönz. Vater Holger, Mutter Melanie und die Kinder Tabitha und Isengart entschieden sich gegen seine Beseitigung und die Errichtung eines Fertighauses. Seit drei Jahren führen sie hier auf knapp 130 Quadratmetern ein ganz normales, beschauliches Familienleben.

Etwa 350 Kubikmeter Beton und 50 Tonnen Kruppstahl umhüllen das Heim der Flönzens wie ein schützender, behaglicher Mantel. Die Familie schätzt den unverbaubaren – weil nicht vorhandenen – Ausblick aus ihrer fensterlosen Behausung. Schlechte Witterung und ungemütliche Jahreszeiten spielen unter der Erde keine Rolle, hier ist es gleichbleibend fünfzehn Grad. Kein Güllegestank und kein Laubbläser können ihnen die Stimmung vermiesen. Nur wenn auf dem Sportplatz nebenan gefeiert wird, wird es schon mal spät und laut. Das hören sie zwar auch nicht, aber trotzdem informieren sie stets die Polizei, denn hier geht es schließlich ums nachbarschaftliche Prinzip.

Die Flönzens sind beliebte Mitglieder der Dorfgemeinschaft von Ruepel auf dem Felde. Vater Holger ist Kassenwart des Dorfverschönerungsvereins, Mutter Melanie ist zweite Vorsitzende der Katholischen Frauen Deutschlands, und die beiden Kinder mischen bei den Pfadfindern und im Tischtennisverein mit. Trotzdem ist es für sie alle ein gutes Gefühl, mit dem Schließen der 400 Kilo schweren Stahltür die restliche Welt bei Bedarf einfach aussperren zu können. Durch die Gewehrscharten können sie sehen, wer sich nähert und entscheiden, ob sie Besuch empfangen wollen oder nicht. Theoretisch könnten sie durch die Schießscharten auch einige Verwandte endgültig davon abbringen, sich ihrem Wohnort zu nähern.

Holger Flönz erledigt seinen Job als Steuerprüfer im Homeoffice. Das Internet ist stabil, aber eine WLAN-Nutzung wollen sie den Kindern erst mit fünfzehn Jahren zur Verfügung stellen, um sie bestmöglich zu schützen. Melanie Flönz erfreut sich daran, dass der Bunker spielend sauber zu halten ist. Die Absauganlage und die Kunstfaser-Overalls, die sie ab der Sicherheitsschleuse tragen, lassen sowieso keinen Staub aufkommen. Die Essenszubereitung geht ihr ohnedies flink von der Hand, da die Mahlzeiten für die nächsten siebzehn Jahre bereits in Gläsern eingekocht sind.

Frühling, Sommer, Herbst, Winter, Morgen, Mittag, Abend – ohne Fenster ist es immer gleich gemütlich im kuscheligen Bunker.

Am Abend ist Melanie Flönz froh, wenn sie die schalldichten Kinderzimmertüren schließen und sich bei einer feinen Flasche Strohrum einem der Puzzles widmen kann, die sie alle schon fünfzehn bis zwanzig Mal gelegt hat.

07

Gesund ist, was schmeckt!

Die Pilzwanderung im Schmirgeler Bruch

Irmela Tuserich liebt Pilze seit ihrer Kindheit. Schon mit ihren Eltern machte sie täglich Spaziergänge durch den Wald am Schmirgeler Bruch bei Hellenthal, und zeit ihres Lebens hat sie sich an der erstaunlichen Vielfalt ergötzt, mit der sie im Wald, auf der Wiese, auf dem Joghurt oder zwischen den Zehen in Erscheinung treten. Eifrig sammelt sie zwischen August und Oktober alle Pilze, derer sie habhaft werden kann, und ergänzt damit ihren Speiseplan auf sowohl kreative als auch unerschrockene Art. Dabei unterscheidet sie nicht zwischen den genießbaren und denen, die man vorsorglich im Wald stehen lassen sollte. Die Giftigkeit einiger Pilzarten ist für sie vorrangig eine Frage der inneren Einstellung.

Vor einigen Jahren hat sich Irmela Tuserich entschlossen, ihr Wissen an andere weiterzugeben. Zur Pilzsaison lädt sie Interessierte zur Wanderung durch den Schmirgeler Bruch ein. Ihre Mitwanderer erlernen die Grundsätze ihrer langjährigen Pilzerfahrung und suchen demnach die Pilze nach rein optischen Gesichtspunkten aus. »Bunt ist schön, bunt ist gut. So will es Mutter Natur«, erklärt Irmela Tuserich. »Und wir sind Teil der Natur. Wir können alles essen, solange wir mit uns selbst im Reinen sind!«

Jeder darf noch vor Ort kosten, was er zwischen Moos und Reisig entdeckt. Für mitunter auftretendes Erbrechen oder spontanen Durchfall hat Irmela Tuserich eine simple wie einleuchtende Erklärung: »Der Pilz will im Wald bleiben. Er beschleunigt die Reise durch den Körper. Das ist nichts Schlimmes!«

Der Fliegenpilz als Objekt schillernder Schönheit könne unmöglich so giftig sein, wie man ihm das unterstelle. Solche Fehler, so weiß sie, können der Natur unmöglich unterlaufen. Der Satansröhrling, so behauptet sie mit Nachdruck, trage den gemeinen Schmähnamen völlig zu Unrecht. Und auch zu dem giftigsten aller Pilze hat sie eine eigene Meinung: »Der arme, kleine Knollenblätterpilz hat viel mehr Angst vor uns als wir vor ihm!«

So streift sie denn im Herbst mit ihren Anlernlingen durch den Mischwald. Man knabbert und kaut, und die Geräusche des Erbrechens mischen sich von Zeit zu Zeit erhaben in die Symphonie des Waldes. Manchmal sind sie kaum vom majestätischen Röhren der Hirsche zu unterscheiden. Engagiert und gewissenhaft versorgt Irmela Tuserich die Teilnehmer mit dem Rüstzeug für künftige eigene Pilzwanderungen. Viele von ihnen sieht sie erst auf der nächsten Beerdigung wieder.

In der großen, bunten Pilzwelt ist es wie bei der Naturheilkunde, findet Irmela Tuserich: »Arsen wirkt richtig dosiert so heilend wie Kamillenblütentee. Warum soll es beim Knollenblätterpilz anders sein?«

Sein Sekret ist gut gegen reine Haut: Mulchmagenmorchel

Schmeckt fast genau wie Autopolitur: Der Schweißdrüsenschwamm

Ein Mann auf Korrosionskurs

Der Campingplatz von Pitter Rost

Urlaub mitten im Grünen – der Traum eines jeden Städters, der mit seiner Familie einmal am Busen der Natur campen möchte. Seit gut zwanzig Jahren macht Pitter Rost das auch für den kleinen Geldbeutel auf seinem Campingplatz etwa fünfzehn Kilometer südlich von Daun im beständig feuchtwarmen Flusstal des Gammelbachs möglich.

Bei Pitter Rost ist der Nachname Programm. Statt üppigem Grün leuchtet bei ihm im überwältigenden Komplementärkontrast Rostrot in allen Schattierungen. Wer auf gewöhnlichen Plätzen das Gefühl hat, mit seinem nicht standesgemäß gepflegten Wohnwagen falsch zu sein, wer sich für sein etwas in die Jahre gekommenes Campingmobil mit Schrammen und abblätternder Farbe schämt, der fühlt sich hier bei Pitter auf der »Ponderosta« deutlich wohler. Hier gibt es keine Stellplätze für hochglanzlackierte Edelmobile und Angeberkutschen, hier ist die Luft korrosionsschwanger, und der Lochfraß knabbert sofort unbarmherzig an jeder Zeltstange.

»Wer hier im blütenweißen Sommerfummel antanzt, fährt eine Woche später quasi mit Camouflage-Klamotten wieder heim«, erklärt Pitter grinsend. »Man kann sich hier gar nicht bewegen, ohne sich einzusauen. Das macht was mit den Leuten, das frisst ihnen den Metallpanzer des Alltags von der Seele.«

Viele kommen hierher, um nach genau fünfdreiviertel Jahren Ehe die Rosthochzeit bei ihm zu zelebrieren. »Rost ist die Farbe der Liebe«, philosophiert der Platzwart mit einem verträumten Lächeln und wendet beim allabendlichen Barbecue mit großem Geschick die marinierten Steaks auf dem Rost. Manchmal benutzt er auch den Grill, aber meistens bevorzugt er die kräftigen Rostaromen. Aus einem verbeulten, korrodierten Kühlschrank genießt man kaltes Bier aus oxidierten Dosen, in der gemischten Gemeinschaftsdusche empfiehlt es sich, dem braunen Wasser erst einmal etwa zehn Minuten Zeit zu geben, warm zu werden, und weitere zehn Minuten, bevor es sich halbwegs geklärt hat – wenn man das möchte.

Am Ende der Ferien gelingt es dann vielen gar nicht mehr so leicht, den Platz wieder zu verlassen. Was vermutlich damit zusammenhängt, dass die Bremsen und Radachsen inzwischen festgerostet sind. »Viele Gäste kommen wahrhaftig Jahr für Jahr wieder«, schwört Pitter. »Sie kommen dann mit Caramba und Drahtbürste und versuchen immer wieder, den Wagen doch noch irgendwie vom Platz zu kriegen.«

Wiltraud und Walfried Würfelhusten genießen den Ruhestand im rostigen Idyll beim fröhlichen flüssigen Frühstück.

Eine Komposition in Rostrot und Unkrautgrün: Besonders beliebt sind bei Pitters Camping-Fans die Modelle *»Eriba Rusty«*, *»Dethleffs Oxid«* und *»Tabbert Metallzerfall«*.
Je nach Witterung gibt es fließend Wasser in fast allen Unterkünften.

Das Übel an der Haarwurzel

Die Shampoo-Manufaktur EI-FELL

Dem Campingplatzbesitzer Pitter Rost begegnen wir auch in der angrenzenden Fabrikationshalle, in der ein blumiges Odeur in der Luft hängt. Hier präsentiert er seinen neuesten Geniestreich: ein Recycling-Shampoo.

»Wir haben schon immer mit dem Abwasser der Gemeinschaftsdusche die Blumenrabatte gegossen«, erklärt er. »Wasser ist teuer, und die Beete riechen dann immer so gut.« Oftmals, so weiß er zu berichten, duftet der Kompost auf der Ponderosta besser als der Lavendel und die Rosen. »Natürlich haben wir es vorher durch ein Sieb gekippt, und irgendwann kam meiner Frau und mir die Idee, dass auch das, was da im Sieb hängen blieb, noch für was nütze sein könnte.«

In einem aufwendigen Verfahren werden bei den Rosts seither die Haare und die Seifenstoffe voneinander getrennt. »Fettsäuren, Alkalisalze und Tenside sind da drin!«, schwärmt Pitter Rost. »Da kommt noch Ei rein wegen dem Vitamin E, dann wird das eingekocht und in Flaschen gefüllt. Das ist so einfach, dass man es kaum glauben kann. Und fertig ist: EI-FELL, das Recycling-Schaumvergnügen aus der Flasche. Mit dem, was abends aus Opas Rauschebart durch den Abfluss gegurgelt ist, schäumt sich am übernächsten Morgen schon die Mutti ihre blonde Mähne ein! Ein ewiger Kreislauf! Toll!«

Er empfiehlt, das Shampoo ab und zu nach dem Waschen einfach mal nicht auszuspülen. Das Resultat, so verspricht er, seien extravagante Ausgehfrisuren von Weltklasse. »Damit fallen Sie auf! Die Strähnen kommen auch wie von selbst. Nur eben nicht gefärbt. Und gegen Schuppen hilft es auch. Die bleiben einfach kleben, da rieselt nix mehr!«

Wer Pitter Rost kennt, weiß, dass sein Erfindungsreichtum erst dann endet, wenn alles Verwertbare auch wirklich restlos verwertet ist. Und so verrät er, was er als Nächstes in der Pipeline hat: »Dass die Haare für nichts mehr gut sein sollen, das hat mich schwer gewurmt. Zuerst dachte ich an exklusive Eifel-Echthaar-Perücken, aber das war wegen der verschiedenen Farben zu viel Sortiererei. Außerdem ist das ja auch nicht alles Haupthaar.«

Stolz präsentiert er ein paar kleine, runde Filzlappen undefinierbarer Farbe und erklärt fröhlich: »Superschöne Untersetzer für den Wohnzimmertisch!« Er hofft, dass die Touristen sie mit nach Hause nehmen und abends dann bei einem Gläschen Moselwein an einen schönen Eifel-Urlaub zurückdenken.

Alles Recycling: Die Shampooflasche (Siegerentwurf des Designerwettbewerbs im Kindergarten »Pupszwerge«) besteht aus geschredderten, liegengebliebenen Zahnbürsten.

Filigrane Filtertechnik garantiert ein First-Class-Produkt.

10

Brenne, Sofa, brenne!

Das Grützhovener Wohnzimmermöbelfeuer

Zur Sonnenwendfeier am 21. Juni veranstalten die Einwohner des Höhenorts Grützhoven südlich von Bad Münstereifel traditionell ein großes Fest am Rande des Sportplatzes: Das Wohnzimmermöbelfeuer. Es wird alljährlich zu Ehren des Lichts entzündet und soll böse Geister vertreiben. Zeugnisse dieses alten Brauchs weisen bis ins 3. Jahrhundert zurück. Auf alten Wandmalereien in der Herrentoilette des Fußballclubs ist zu sehen, wie die Menschen nackt um das Feuer und sogar durch das Feuer hindurch tanzten.

Durch einen unglaublichen Zufall machte der Dorfhistoriker Ludwig Maria Zurhorst am 20.7.1978, an dem Tag, an dem wegen einer Magen-Darm-Grippe bei der Müllabfuhr der schon bereitgestellte Sperrmüll nicht abgeholt werden konnte, eine aufsehenerregende Entdeckung: Zwischen einem Stapel alter Heimatkalender fand er ein Schriftstück, das er auf das Jahr 1261 datierte. (Andere Historiker schätzen es auf ziemlich genau 717 Jahre später.) Darin verfügte ein Fürst mit unleserlichem Namen, dass für *»dasz Sonnenfeuher künfftik nuhr noch Gemöbele ausz dehm Hausse zu verwennden sej«*. Der Dorfpfarrer, der dem heidnischen Brauch seit jeher kritisch gegenübergestanden hatte, hinterfragte den Sinn des Edikts, und der Historiker Zurhorst fand spontan ein weiteres Schriftstück, in dem erläutert wurde, dass *»die Gejster es sich zum Hohne Gottes mit breittem Arsche auf Stuhl und Bank bequem machtten und so mit dem Feuher in den Schlund der Hölle gesandt«* würden. Da war auch der Pfarrer zufrieden, und in Grützhoven verbrannte man von nun an munter Altmöbel jeglicher Art.

Das Fest unter Beteiligung des ganzen Dorfes ist einer der Höhepunkte des Jahres. Wenn in Grützhoven ein Wohnzimmer neu eingerichtet wird, kann man sicher sein, dass dies in den Wochen vor der Sommersonnenwende geschieht.

Man hört, dass ein Dorfbewohner der Bequemlichkeit halber die Möbel gleich im heimischen Wohnzimmer verbrannte, und ein anderes Mal wurde der Dorfälteste Ludger Stachowiak (109) gerade noch gerettet, weil man fast zu spät bemerkte, dass man ihn auf seinem Fernsehsessel sitzend mit auf den Scheiterhaufen gehievt hatte. Auch wird davon berichtet, dass mittlerweile aus zahlreichen umliegenden Dörfern großzügige Möbelspenden zu dieser Traditionsveranstaltung eingehen, darunter sogar immer häufiger auch alte Kühltruhen, Badewannen und Altreifen.

Bei gutem Wetter kann man das alljährliche Wohnzimmerfeuer vom Kölner Dom sehen.
Je mehr unterschiedliche Thermoplaste, Duroplaste und Elastomere im Mobiliar verarbeitet wurden, desto bunter gestaltet sich die Rauchentwicklung.

Hier steppt der Hamster

Die letzte Wild-Steppenhamster-Herde Deutschlands

Wenn auf dem Hochplateau am Rande des Hohen Venns der Vollmond aufgeht, sollte man sich fernhalten, um ein erhabenes Naturschauspiel nicht zu stören: Mit wilden Bocksprüngen leiten nämlich die scheuen Steppenhamster zu dieser späten Stunde im Schutze des milchigen Nebels ihr Paarungsritual ein. Die männlichen Tiere galoppieren dabei schnaubend und buckelnd über das magere Gras und heulen den Mond an, während die Weibchen sich scheinbar gelangweilt lausen oder ihre Krallen in eine modische Form knabbern. Der Balzruf des Steppenhamsters ist ein dumpfes, kehliges, langgezogenes »A – lo – dudi – hüüüü!«. Das weibliche Tier erklärt seine Paarungsbereitschaft nach einer erstaunlich langen Wartezeit mit einem gegähnten »Kammi – dummi – aaaa!«.

Der Steppenhamster *(Cricetus raudicus)*, der etwa viereinhalb Mal so groß ist wie sein europäischer Verwandter, der Feldhamster *(Cricetus cricetus)*, ist eine invasive Art, die sich zu Beginn dieses Jahrtausends aus der Tundra Kasachstans in langen Trecks aufmachte und auf dem Weg nach Santiago de Compostela in der Eifel Station machte. Biologen erklären diese »Hamsterwanderung« durch die zunehmende Bejagung der Tiere durch die Kasachen, die das Tier traditionell panieren, entsaften oder auch zu Räucherstäbchen verarbeiten. Ein verhältnismäßig junger Trend ist zudem die Verarbeitung des Fells zu Handyhüllen. In der Eifel wurde der Steppenhamster sesshaft, weil einerseits die Vorräte in den geräumigen Backentaschen aufgebraucht waren und weil zum anderen hier sein bevorzugtes Nahrungsmittel, die Kolben des halbmageren Knarsthalmsauerrasens, üppig gedeihen.

Der Bau des Steppenhamsters, die sogenannte »Klitsche«, besteht aus einem Wohn- und Essbereich, der Speisekammer, einem Abort und einem sogenannten »Verrichtungszimmer«, in das sich das Männchen (»Hengst«) mit ständig wechselnden Weibchen (»Stute«) zu jeder vollen Stunde zurückzieht, um für Nachkommenschaft zu sorgen. Der männliche Steppenhamster vertilgt fast achtzig Prozent des gehorteten Weizens der Herde, gerne auch mit Hopfen, Wasser und körpereigener Hefe vergoren.

Anlässlich eines Eifelbesuchs im Jahre 1961 zeigte sich der deutsche Dichter Hermann Hesse derart von einer nächtlichen Begegnung mit den scheuen Wildtieren angetan, dass er gleich darauf seinen Roman »Der Steppenhamster« zu verfassen begann, welchen er jedoch bis zu seinem Tod im folgenden Jahr nicht mehr zu Ende schreiben konnte.

Im Rahmen eines sogenannten »Steppenhamsterprojekts« wurde 2019 ein gemeinsames Artenschutzprojekt einer Tätigkeitsgemeinschaft von LBV, BUND Naturschutz in NRW und der Wildland-Stiftung NRW ins Leben gerufen, in dessen Rahmen Leben und Gewohnheiten der Tiere erforscht und Schutzzonen eingerichtet und überwacht werden.

So groß wie der gemeine Feldhase *(Lepus europaeus)*: Mit dem Steppenhamster legt man sich nicht gerne an.

12

Treffen Sie Freunde!

Der SV Krumme Hunde Kroepel schießt scharf

Bogenschießen – wer sieht sie nicht gleich vor sich, die schlanken, eleganten Schussgeräte, die feingliedrigen Finger, die die Sehne spannen, den Pfeil, der einem Blitz gleich durch die Luft sirrt …

In Kroepel, einem kleinen Weiler unweit von Mechernich, ist das anders, und deshalb sollte man auch tunlichst einen ausreichend großen Bogen um den Platz am Dorfrand machen, auf dem diese ganz und gar außergewöhnliche Sportart betrieben wird. In Kroepel schießt man nicht mit dem Bogen, sondern im Bogen. Gewöhnliche Flinten unterschiedlicher Kaliber werden hier traditionell vom Dorfschmied Hermann-Josef Bruchnacken unter Zuhilfenahme von Hammer und heißer Glut derart bearbeitet, dass ihre Läufe hinterher eine Biegung von mindestens 30 und maximal 45 Grad aufweisen. Der Schmied muss dabei ein hohes Maß an Geschick aufbieten, damit das Geschoss nicht unverhofft zum Rohrkrepierer wird.

Der Spaß bei dieser sportlichen Betätigung liegt nicht etwa darin, ein anvisiertes Ziel nicht zu verfehlen, sondern gar nicht erst zu wissen, auf was man überhaupt zielt. Alkohol in jedweder Form ist der Ausübung des Sports zuträglich. Statt Kimme und Korn schwört man auf Kümmel und Korn. Ob man trifft, ist nicht die Frage, denn irgendwas trifft man immer – und wenn es sich um Freunde, Familienmitglieder oder arglos herumstehendes Nutzvieh handelt. Man drückt ab und darf gespannt sein, wo die Kugel landet. Wer oder was auch immer getroffen wird, verliert manchmal nur ein Auge, mitunter aber auch gleich das Leben.

Alle Einwohner von Kroepel sind aus Tradition Mitglieder im Verein. Neugeborene werden gleich mit dem ersten Atemzug aufgenommen. Schon im Kindergarten erlernen die Kleinsten die erforderlichen Schusstechniken mit gebogenen Blasrohren. Auf der Kroepeler Kirmes wurden acht Schießbudenbesitzer verschlissen, bevor man schließlich irgendwann auf Entenangeln umstieg.

Die Mitgliederzahl des Vereins ist gerade um das Datum des alljährlich stattfindenden Bogenschützenfests stark schwankend. Letale Abgänge sind im Rahmen dieser Veranstaltung naturgemäß häufig zu verzeichnen. Das größte Vergnügen ist hier das Schießen um den Bierpavillon und die Toilettenhäuschen herum. Das Bogenschützenkönigspaar ist seit vier Jahren ununterbrochen das Ehepaar Bruno und Traudel Bolzen, die einen Campingplatz betreiben und über sehr viel Zeit und Übungsfläche verfügen.

Hier werden krumme Dinger gedreht:
45 Grad Biegung nach 300 Grad Hitzebehandlung.
Auch der alljährliche Vereinskalender *»Steamy Gun Fun«* zeigt,
dass die richtige Krümmung durchaus erotisch sein kann.

13

Wo der Kaiser zu Fuß hinging

Der Abort Karls des Großen

Unweit von Mützenich am Rande des Hohen Venns findet der Wanderer einen Ort, um den sich eine uralte Legende rankt. Ein großer, kantiger Steinklotz soll einstmals Kaiser Karl dem Großen als Ruhestätte gedient haben, als er sich nach einem Jagdausflug eine Rast gönnen wollte. Seither trägt der Platz den klangvollen Namen »Kaiser Karls Bettstatt«.

Erst vor einigen Jahren wurde von einer Splittergruppe des Eifelvereins, den »Eifel-Guerillas«, wie sie sich selbst nennen, drei Büsche weiter ein zweiter, ebenfalls sehr prägnanter Felsbrocken als »Kaiser Karls Abort« bekannt gemacht.

Dr. Reinhold Müller-Nierentisch von den Eifel-Guerillas erzählt die Geschichte weiter und beruft sich dabei auf angeblich jüngst entdeckte Schriftstücke aus der Zeit der Karolinger. Demnach soll Kaiser Karl nach einem sogenannten »Power Nap«, also einem stärkenden Kurzschlaf, wieder aufgestanden und dann wie üblich dem Ruf der Natur gefolgt sein. Seine Schritte führten ihn zu ebenjenem Stein mit dem auffälligen Loch in der Mitte, wo er sich sodann mit entblößtem Allerwertesten niedergelassen haben soll. Daher komme angeblich auch die Bezeichnung für einen Ort, »wo selbst der Kaiser zu Fuß hingeht«. Dr. Müller-Nierentisch vertritt zudem die These, dass es sich bei dem Thron Kaiser Karls im Aachener Dom angeblich um nichts anderes handele als um ein weiteres Klosett in leicht veredelter Form, gewissermaßen um eine Luxusvariante in Marmor.

Sogar auf die Frage, warum dieser Abort ausgerechnet in einer Kirche aufgestellt wurde, hat der Vorsitzende der Eifel-Guerillas eine seiner Meinung nach logische Erklärung: »Die Kirche hat doch noch nie Protz und Prunk gescheut, und wenn heutzutage im Limburger Bischofssitz eine 15.000 Euro teure Designer-Badewanne steht, dann kann doch wohl bitte schön ein stinkfeiner Marmor-Lokus im Dom gestanden haben!« Bei diesem Thema gerät er schnell in Rage.

Doch zurück zum angeblichen Abort Karls des Großen an der heutigen deutsch-belgischen Grenze. Vermutlich um den Kritikern den Wind aus den Segeln zu nehmen, die bei dem Stein das Klosett-typische Loch vermissen, sammelte die Guerilla-Truppe um die Jahrtausendwende eine enorm hohe Summe an Spendengeldern für einen Defibrillator und investierte sie in eine lebensgroße Metallstatue des Kaisers, die das fehlende Loch ganz einfach mit dem blanken Gesäß verdeckt.

Da sich zahllose Wanderer angesichts der dargestellten Szene inspiriert fühlen, an Ort und Stelle dasselbe zu tun, sollte man diesen Platz besser nicht ohne Gummistiefel besuchen.

Dr. Müller-Nierentisch von den Eifel-Guerillas: »Womöglich war das früher in Aachen gar kein Dom, sondern eher ein gigantischer Sanitärbereich!«

14

Hohe Stapel, niedrige Preise

Die Wiege der berühmten WALDI-Discounter

Der Werdegang der Brüder Otto und Fritz Waldi aus dem Dörfchen Otzenfeld bei Prüm hätte eine der ganz großen Erfolgsgeschichten der deutschen Nachkriegszeit werden können. Als die Zwillinge nach Kriegsende den kleinen Laden ihrer Tante Emma erbten, erschien ihnen die Beschäftigung als Kaufleute zunächst wenig attraktiv. Die beiden Nichtstuer fanden das Sortieren von Waren und das Stapeln von Konserven wenig attraktiv und stellten die Güter in geöffneten Kartons bereit, sodass die Kundschaft sich selbst bedienen konnte. Das erlaubte sowohl günstige Preise als auch ein Maximum an Freizeit. Obwohl sie nun bis mittags schliefen und ab dem Nachmittagskaffee dem Alkohol zusprachen, blieb ihnen am Ende des Monats ein satter Verdienst. Das ermutigte sie, ihr Konzept weiter zu verbreiten, und so pachteten sie schon bald weitere Läden. Schon 1952 existierten rund um Otzenfeld zwölf Filialen. Ein Bruderzwist führte 1954 zur Spaltung, sodass einige Läden unter dem Namen WALDI NORD und andere unter WALDI SÜD geführt wurden. Einen großen Laden in Prüm trennten sie in der Mitte durch eine massive Mauer mit Stacheldrahtkrone.

Das Ende nahte 1975, als ein großer Familienbetrieb aus dem Ruhrgebiet wegen Plagiats und Wettbewerbsverzerrung klagte und in sämtlichen Instanzen gewann. Die Waldis verloren auf einen Schlag all ihre Geschäfte. Nur das Stammhaus in Otzenfeld blieb ihnen. Dass sich allerdings die gesamte Ware ihrer 134 Läden weiterhin in ihrem Besitz befand, versetzte sie in die bequeme Lage, sich seit nunmehr schon fünfzig Jahren mit dem gemächlichen Abverkauf derselben über Wasser halten können. Es gelang ihnen, sämtliche Lebensmittel als »Zeugnisse der Vergangenheit« und »schützenswerte Kulturgüter« deklarieren zu dürfen. Mindesthaltbarkeitsdaten gelten lediglich als historische Einsortierungskriterien. Im WALDI-Laden gibt es heute noch *Sunkist*-Tüten, *Creme-21*-Dosen, *Cefrisch*, *Strahler 70* und *Florida-Boy Orange*. An der Kasse kann man noch *Kim, Lord* und *Milde Sorte* erwerben. Für besonders Mutige werden Gemüse- und Fleischkonserven angeboten, in denen sich im Verlaufe der Jahrzehnte sicherlich muntere chemische Reaktionen ereignet haben und deren Metallhüllen unter Umständen längst eine hochspannende Verbindung mit dem Inhalt eingegangen sind. Im WALDI-Laden in Otzenfeld lächelt ungebrochen freundlich der *Tchibo*-Onkel, und Tilly wirbt für *Palmolive*.

Amselfelder, Nagelknipser, Bärchenwurst – Emma Waldi handelte schon früh mit den Dingen des täglichen Bedarfs.

Zwei Gesichter, die Vertrauen einflößen: Otto und Fritz Waldi könnten den Bewohnern Schwarzafrikas Bräunungscreme verkaufen.

In 134 Filialen verkauften die Waldis alles von der Kohlenschüppe über Bettwäsche aus echten Bibern bis zum Geigerzähler.

Die fliehende Holländerin

Ein Liebesmobil gibt Gas

Erfahrungsgemäß begegnet man in der Eifel rund ums Jahr zahlreichen Wohnmobilen aus den Niederlanden. Die freundlichen Nachbarn bereisen traditionell die hügelige Landschaft und sind gern gesehene Gäste. Sie parken mit ihren fahrbaren Ferienhäuschen gerne in Einfahrten, Nothaltebuchten und Feuerwehrdurchfahrten, und Vorzelt, Campingmöbel und Grillrauchschwaden signalisieren, dass sie keine Eile haben, so schnell wieder von dort wegzukommen. Eines dieser Mobile mit den gelben Nummernschildern dieselt permanent leise im Standgas vor sich hin und ist allzeit abfahrbereit. Es vermittelt mit großen, teils verblichenen roten Folienaufklebern in Herzform Zugewandtheit und Herzenswärme. Der Schriftzug »Nur für Dich! Sexy Savannah!« klingt verheißungsvoll und macht neugierig. Hier trifft man offenbar auf eine Person, die sich voll und ganz auf ihren Gast konzentriert, eine Frau, mit der man über alles reden kann. Hinterher.

Zunächst aber beweist Savannah gegen ein nach Leistung abgestuftes Honorar ihr lang erprobtes Talent und ihre große Erfahrung mit zwanzig Minuten kräftezehrender Körperertüchtigung.

Mit bürgerlichem Namen heißt Savannah Wilma Haschen. Sie ist 56, kleidet sich wie 17 und hat Erfahrung für 95. Sie stammt aus Utrecht, ist aber vor einigen Jahren auf den deutschen Markt umgesiedelt. Mit ihrem kumpelhaften niederländischen Charme ist sie so etwas wie eine Legende unter den Wohnmobil-Damen aus dem Dreiländereck. Sie bietet neben herkömmlichen körperlichen Betätigungen auch die für die Eifel eher ungewöhnlichen Stellungen »Frikandel« und »Bitterballen« an, die sich mit Worten nur sehr ungenau umreißen lassen. Dasselbe gilt für die körperliche Dienstleistung »Goudahobel«, die sie sich sogar hat patentieren lassen.

Allerdings ist Savannah nicht im Besitz einer gültigen deutschen Arbeitserlaubnis, und daher wechselt sie – ständig auf der Flucht vor den Behörden – mehrmals am Tag den Standort. Häufig geschieht dies sogar während der Geschäftstätigkeit. Ein Autopilot lenkt bei solchen Gelegenheiten das Gefährt – wegen der ohnehin quietschenden Federung oft unbemerkt – zu einem anderen Parkplatz, mehrere Kilometer entfernt. Für die Besucher ihrer Betriebsstätte führt dies mitunter zu einer misslichen Situation. Völlig ermattet und häufig nur notdürftig angezogen werden sie unter Umständen an einer gänzlich entlegenen Stelle des Eifeler Straßennetzes gewissermaßen ausgesetzt.

Der Begriff »Rollender Verkehr« kriegt im Zusammenhang mit Savannah einen ganz neuen Zungenschlag. Der Begriff Zungenschlag ebenfalls.

Der Autopilot erlaubt die Flucht während der laufenden Dienstleistung.

Das Innere des Mobils ist stilsicher dekoriert und bietet Stauraum für erotisches Spezialspielzeug niederländischer Provenienz.

16

Goethe kam nur bis Unterrülp

Das Haus, das nie den Dichterfürsten beherbergte

Johann Wolfgang von Goethe war ein weitgereister Mann. Es trieb ihn zeit seines Lebens durch die deutschen Lande, und er reiste nach Schlesien, Österreich und Frankreich und besuchte Italien, »das Land, in dem die Zitronen blüh'n«. Weniger bekannt ist, dass er jeden Sommer mindestens vierzehn Tage in der Eifel verbrachte, um zu dichten. Sein *»Prometheus«* entstand in Nimshuscheid, den *»Faust«* dachte er sich in Effelsberg aus, und *»Iphigenie auf Tauris«* verfasste er zum größten Teil in Kalenborn-Scheuern.

Die Zimmernachbarn der von ihm besuchten Gasthäuser brachte er allerdings mit dem lauten nächtlichen Deklamieren seiner frisch verfertigten Verse in Rage, seine Pensionswirte mit ständigen Bitten um Federkiele, Tinte und Papier zur Verzweiflung. Der Dichterfürst war alles andere als ein gern gesehener Gast. Oft wechselte er drei bis vier Mal in einer Woche die Unterkunft, und so kam es, dass er sämtliche Pensionen und Herbergen der Eifel mindestens ein Mal in seinem Leben behelligte.

Nur das »Gasthaus zum räudigen Dachs« in Oberrülp rühmt sich heute voller Stolz, niemals den großen Johann Wolfgang von Goethe beherbergt zu haben. »Hier übernachtete Goethe nicht«, besagt ein kunstvoll geschnitztes Schild am Haupteingang.

Die Gäste können hier im Bett nächtigen, »in dem Goethe nicht schlief«, sie essen Gerichte, die »nicht Goethes Leibspeise« waren, und können einem Spazierweg durch den alten Ortskern folgen, auf den »Goethe nachweislich nie einen Fuß setzte«.

Das Gasthaus ist heute um einen modernen Anbau mit Saunalandschaft und Tagungskomplex ergänzt. Im Schankraum gibt es das hausgebraute »Goethe Null Null«, und die Tagungsräume tragen die klangvollen Namen »Schiller«, »Kleist« und »Mörike«.

»Er war nicht hier, und damit basta!«, schwört der heutige Hotelier Hans-Heinz Garstig. »Bis zum Nachbardorf Unterrülp ist er gekommen. Da hat er im ›Haus Milzriss‹ logiert. Aber bei uns war Goethe tausendprozentig nie!«

Man darf mit Fug und Recht bezweifeln, dass die angebliche Nicht-Anwesenheit auch wirklich den Tatsachen entspricht. Wenn man weiß, wo man suchen muss, findet man an einer geheimen Stelle an der Theke doch die heimlich eingeritzten Initialen des Geheimrats, und die Gedichtzeilen »Im Dachs soff man mich untern Tisch, und bissen nachts die Wanzen mich« sprechen eine deutliche Sprache.

Was kaum einer weiß: Vor den Manderscheider Burgen dichtete Goethe *»Werthers Echte«.*
(Gemälde: Reyner van Angebrandt)

17

Heiße Reifen, blanke Glatzen

Die Rollator-Formel-Eins auf dem Onanierburg-Ring

Rasselnder Atem und röhrendes Husten hängen in der Luft, der Geruch von Kampfer und Franzbranntwein liegt über dem flirrenden Asphalt. Seit dem Jahr 1950 wird hier auf der Traditionsrennstrecke, die sich rund um die Ruine der Onanierburg, einer Lustburg des Fürsten Frantz von Grabsch zu Rubbel, durch die Eifelhügel schlängelt, ein höchst ungewöhnliches Rennen veranstaltet.

Zwanzig Rollatoren stehen startbereit in der Mittagssonne, das Körbchen gefüllt mit geviertelten Äpfelchen, Milchreis und *Vita Buerlecithin*. Dahinter zwanzig greise Rollator-Piloten mit blank polierten Glatzen und funkelnden Hornbrillen, bis in die Nasenhaarspitzen voll mit Adrenalin. Statt Boxenludern ziehen hier Krankenschwestern die mediale Aufmerksamkeit auf sich und verteilen Betablocker, prüfen den Sitz der Infusionsnadel für die Flüssigkeitsversorgung und schneiden den Fahrern ein letztes Mal die Zehennägel.

Am Freitag und Samstag haben die Formel-Eins-Piloten mit dem freien Training begonnen, dann das Qualifying absolviert, und jetzt, am Sonntag, haben sie die Aufwärmrunde bereits hinter sich. Wer bis hierhin durchhält, überlebt sogar den Infarkt beim Startschuss. Und dann geht es los, Runde um Runde. Die großen Rennställe sind immer dabei: *Corega Tabs Racing, Team Kaffee Hag, Granufink Motorsport*. Gerade einmal fünfundsiebzig bis achtzig Jahre alt sind die Rennsportstars der heutigen Zeit: Sebastian Vettarm, Lewis Hammorhoid oder Kimi Rachengold.

Es gibt Boxenstopps, bei denen alles unglaublich fix geht: Zwei Crew-Mitglieder heben das Fahrzeug mit zitternden Händen an, um den Reifenwechsel vorzubereiten. Vier Träger bringen die frischen Reifen, die von vier Reifenwechslern am Rollator angebracht werden. Vier weitere Monteure suchen dann nach den heruntergefallenen Schrauben und Unterlegscheiben, noch einmal vier helfen ihnen dabei mit guten Ratschlägen, und schließlich tragen vier andere die benutzten Reifen weg. Der Blutdruck wird noch einmal gemessen, der Sitz der Halskrause geprüft, das Gebiss mit neuer Haftcreme versorgt. In nicht einmal anderthalb Stunden ist das Ganze erledigt.

In der Regel laufen nach all den spannenden Positionskämpfen und Rad-an-Rad-Duellen gar nicht mehr genug Fahrer ins Ziel ein, damit ein Sieger sowie die Zweit- und Drittplatzierten auf dem Siegertreppchen einen Pokal sowie die obligatorische *Doppelherz*-Dusche entgegennehmen.

Die Boliden warten auf den Startschuss. Wie viele Runden für das Rennen angesetzt sind, ist unwichtig, denn mit der Grand-Prix-Strecke von 5,148 Kilometern sind die Piloten schon achtzehneinhalb Stunden beschäftigt. Demnächst sollen auf dem Gelände zwanzig vierzehnstöckige Hochhäuser entstehen, in denen künftig die Treppenlift-Formel-Eins ausgetragen werden soll.

Änne Runzel (89) übt täglich mit dem gelockten Helm auf der Tartanbahn des Seniorenheims. Ihr heißer Konkurrent Aurelio Knurrhahn (91) gibt gerne den leichtfüßigen Lebemann, der seine Siege locker mit links einfährt.

18

Eemool moss de Vatter loofe

Der Bröunesselloouf im faulsten Dorf der Eifel

Nicht nur am Tag der Sommersonnenwende sollten Sie einen großen Bogen um den kleinen Weiler Mouschelbrück an der Our machen, aber an diesem Datum ist es besonders ratsam, einen Umweg zu fahren. Wenn der längste Tag des Jahres anbricht, befinden sich alle Dorfbewohner im westlichsten Zipfel der Eifel in heller Aufregung, denn dann wird hier der berühmte Bröunnesselloouf zelebriert, der auf altem keltischem Brauchtum basiert.

Mouschelbrück ist wohl unbestritten das faulste Dorf der Eifel. Die Landwirtschaft wird hier mit unvergleichlicher Unlust betrieben. Das Einzige, was hier überaus prächtig und gewissermaßen von selbst gedeiht, sind Brennnesseln. Auch um die verlotterten und ungepflegten Häuser sprießen sie.

Schon Tage vor dem großen Fest schmücken die Frauen die sogenannten »Altäre« an sieben dafür vorgesehenen Stellen des Ortes: Am Dorfbrunnen, am Lebensmittelgeschäft, an der Schule, an der Bushaltestelle, am Kriegerdenkmal und am Bürgermeisteramt werden große Bögen aus Brennnesseln aufgestellt. Sie überspannen jeweils einen Teppich aus Brennnesseln und sind kunstvoll umkränzt von Brennnesselgirlanden. Die Frauen von Mouschelbrück flechten sich Brennnesseln ins Haar, und die Kinder tragen kleine Brennnesselkronen. Der siebte und letzte Altar ist traditionell vor dem Haus der einzigen Jungfrau des Dorfes aufgebaut. Das war in den letzten 47 Jahren stets die 83-jährige Adeltraud Schwadlapp.

Punkt zwölf Uhr ruft der Bürgermeister schließlich mit kraftvoller Stimme:

»Eemol moss de Vatter loofe,
Dann darf hä wedde zwölf Moand schloofe!«

Und dann geht die wilde Jagd los! Im Nu entledigen sich die erwachsenen Männer des Dorfes ihrer Kleidung und rennen splitternackt los. Frauen und Kinder stehen an der Laufstrecke Spalier. Unter großem Gejauchze peitschen sie den vorbeiflitzenden Männern mit großen Büscheln Brennnesseln auf das nackte Gesäß und rufen dabei im Chor: »Kribbelekratz, Kribbelekratz, de Vatter kritt de Aasch jeschmatz!«

An jedem Altar müssen die Männer den Lauf unterbrechen und sich einmal im Uhrzeigersinn auf dem Brennnesselbett wälzen. Zu guter Letzt werden sie am siebten und letzten Altar von der alten Jungfer am ganzen Körper mit heilsamer Ringelblumensalbe eingerieben. Kein Wunder, dass sie sich ein Jahr lang von dieser Prozedur ausruhen müssen.

Schon auf antiken Vasen wird der Bröunesselloouf in all seiner klaren Ästhetik dargestellt. Schon damals gab es einzelne Fälle von Doping mit Eigenurin. Aber das sieht man seit jeher nicht besonders eng.

Im Schatten- oder Halbschattenplatz gedeiht die Brennnessel besonders gut. Von beidem gibt es im Dorf genug. Auch für den feuchten, stickstoffreichen Boden muss hier niemand einen Finger krümmen.

Adeltraud Schwadlapp mischt ihre Ringelblumensalbe selbst an. Weil im Dorf keine Ringelblumen wachsen, verwendet sie meistens Brennnesseln.

Kommen Sie! Seien Sie dabei!

Entenangeln auf dem Laacher See

Jeder kennt sie, alle lieben sie, die bunten Kirmesattraktionen, die uns von Kindesbeinen an begleiten. Der bunte Trubel, die wilden Fahrten, die Verlockungen der Spielbuden – das alles gab es nur auf dem Kirmesplatz. Bis jetzt!

Der Schausteller Bruno Flickenschmidt entstammt einer uralten Osteifeler Kirmesdynastie und reiste sein Leben lang getreu dem Motto »Die weite Welt ist unser Feld« kreuz und quer durch Deutschland, bevor er schließlich mit 75 Jahren in seiner Heimat sesshaft wurde. Am Ostufer des Laacher Sees pachtete er ein altes, heruntergekommenes Ausflugslokal und begann sogleich mit der Ausarbeitung einer ganz besonderen Attraktion. Heute, zwei Jahre später, ist das Ausflugslokal immer noch alt und heruntergekommen, doch bunte Schilder, blinkende Lämpchen und laute Musik weisen auf das hin, worum sich hier alles dreht: das Entenangeln!

»Wer hat noch nicht, wer will noch mal?«, schallt es nun aus dem Megafon über den See. »Kommen Sie her, versuchen Sie Ihr Glück! Kommen Sie ran, jeder kommt mal dran!« Und alle kommen und bestaunen diese Weltneuheit. »Das gab's noch nie!«, preist Flickenschmidt mit dem Megafon an. Und es ist wahr. Entenangeln mit lebendigen, ausgewachsenen Enten ist ein Erlebnis, das seinesgleichen sucht!

Bei den Enten handelt es sich um ausgewachsene, geschlechtsreife Stockenten (*Anas platyrhynchos*), die mit einem kleinen Metallhelm ausgestattet sind und denen ein farbiger Punkt oder das Wort »Niete« unter den Bürzel tätowiert wurde. Die Angel besteht aus einer belastbaren Rute aus Kohlefaser, einer Nylonschnur und dem Rundmagnet, mit dem man mit etwas Geschick die munter mit den Flügeln schlagenden Wasservögel aus dem See reißen kann. Das ist ein großer Spaß für die ganze Familie und stellt mitunter für die Väter eine größere Verlockung dar als für den Nachwuchs. Der aber darf dann schließlich der Ente unter den Bürzel gucken. Die Farbkleckse stehen für Gewinnpunkte von 5 bis 200, bei Erpeln zählen sie doppelt.

Im alten, vergammelten Ausflugslokal kann man hinterher seine Punkte gegen einen Gewinn einlösen. Auch das ist ein aufregendes Vergnügen, denn hat man beispielsweise vierzehn gepunktete Enten geangelt, muss es erst einmal gelingen, die lebhaften Tiere zum Tresen zu bugsieren. Hier warten natürlich tolle Preise: grellbunte Plüschtiere, Musikinstrumente aus Hartplastik und Gourmetkonserven mit köstlichem Enten-Cassoulet.

Das Einsammeln der herumschwimmenden Enten erledigt Flickenschmidt allabendlich mit einem leistungsstarken Elektromagneten, der im Umkreis von 45 Metern alle metallbestückten Tiere anzieht. Auch Fahrräder und Metallboote.

Manchmal ist der Metallhelm auch ein bisschen zu schwer für die Ente.

Ein Buckel wie zum Ausdrücken

Der Nackenpickel ist der kleinste Berg der Eifel

Bei dieser überaus hässlichen geologischen Absonderlichkeit handelt es sich um einen sogenannten Parasitenberg oder auch Schmarotzerbuckel. In Westeuropa sind diese besonderen Gesteinsformationen nicht sehr verbreitet.

Sie tauchen in Mittelgebirgen in etwa 500 bis 600 Metern als stetig anwachsende Ausbeulungen an den Stellen des Wirtsbergs auf, an denen die Erosion durch Wind und Wasser wenig bis gar keine Angriffsfläche findet, und profitieren von der Gesteinszersetzung am Hauptberg in höheren Lagen. Völlig unbehelligt können sie dadurch beständig an Umfang und Höhe gewinnen, während der eigentliche Berg nach und nach schrumpft. Es gibt in Deutschland noch die Pustelpocke im Sauerland, den Warzenbrocken im Bayerischen Wald und die Backenbeule bei Bad Kissingen.

Die Form solcher Geschwürberge ist häufig kegelförmig, die Kuppe gelblich glänzend, sodass der Eindruck einer reifen Eiterbeule entsteht. Oxidhaltiges Oberflächengestein formt darum in kreisförmiger Anordnung eine rötliche Kruste.

So verhält es sich auch beim Eifeler Parasitenberg Nackenpickel, der im Jahr 1842 an seinem Wirtsberg, dem Knatterhorn (654 m), entdeckt wurde. Er hatte damals nur einen Umfang von etwa 15 Metern und eine Höhe von knapp 90 Zentimetern. Man meinte zunächst, er sei vulkanischen Ursprungs, aber Geologen aus aller Welt erforschten ihn und verifizierten ihn als Gesteinsschmarotzer. Eine ortsansässige Pfadfindertruppe befreit ihn regelmäßig von wucherndem Gestrüpp und reinigt seine Oberfläche mit einem groben Schwamm und einer großflächig aufgetragenen Emulsion aus Clearasil und Penatencreme.

Im Eifeler Volksglauben soll der Nackenpickel eine Art Kultstätte sein. Heranwachsende versammeln sich hier bei Vollmond und sind fest davon überzeugt, dass bizarre Körperrituale an diesem Ort dazu führen, dass sie endlich von ihrer quälenden Akne befreit werden.

Forscher haben errechnet, dass der Nackenpickel seinen Wirtsberg bereits in 4,8 Millionen Jahren überragen und als Hauptberg ablösen wird.

Um den unansehnlichen Nackenpickel auf Urlaubsfotografien zu vertuschen, empfiehlt sich die Verwendung eines Concealers oder eines herkömmlichen Abdeckstifts aus dem Drogeriemarkt.

Der Anblick könnte so schön sein, wäre da nicht der hässliche Geschwürberg. Lange Zeit fürchteten die Geologen, andere Berge der Eifel könnten sich anstecken.

21

Punkt, Punkt, Komma, Strich

Die Höhlenmalereien von Wumpental

Wenn man den frühzeitlichen Wandgemälden der Kiefernhöhle in der Nähe des Dörfchens Wumpental in der Osteifel glauben kann, haben sich unsere Vorfahren in erster Linie mit der Abbildung männlicher Geschlechtsteile beschäftigt. Unter Verwendung von Ruß und Kohle, Kalk und dem Blut erbeuteter Tiere entstanden hier vor etwa 40.000 Jahren an den kahlen Höhlenwänden steinzeitliche Bilder von atemberaubender Detailgenauigkeit.

Man kann sie besichtigen, man kann es aber auch sein lassen.

Die Wissenschaft streitet darüber, ob es sich um kultische Darstellungen, um das Festhalten von Erlebtem oder eher um die Weitergabe von Erfahrungen handelt. Der erigierte Phallus, der dem jeweils abgebildeten männlichen Lebewesen zu eigen ist, rechtfertigt jede dieser Deutungsformen gleichermaßen.

Auffällig ist, dass der Phallus des Jägers stets deutlich größer ist als der des Mammuts, des Bisons oder des Säbelzahntigers. Und zwar nicht nur zwanzig Zentimeter größer, sondern etwa zwanzigmal größer. Und auch größer als der Jäger selbst. Der Jäger verrichtet mehr oder weniger alle Dinge mit seinem gigantischen Geschlechtsteil: Er erschlägt damit gewaltige Höhlenbären, fette Flusspferde oder männliche Vertreter anderer Clans. Er fällt damit mächtige Bäume, stößt presslufthammerähnlich Löcher ins Felsmassiv oder schachtet ganze Flutgräben aus.

Es scheint, als sei man erst sehr viel später auf die Verwendung von Werkzeugen aus Holz, Stein oder Metall gekommen.

Es herrscht in Wissenschaftskreisen die Annahme vor, diese Malereien seien eine Art Auftragsarbeit eines Jägers, der in der Steinzeit noch nicht über die notwendigen Nägel zur Hängung diverser Jagdtrophäen verfügte. Eine weitere Theorie besagt, es handele sich möglicherweise um die Elaborate seiner gelangweilten Steinzeitfrau, deren Kinder bereits aus der Höhle sind und die nun auf der Suche nach einem sinnvollen und kreativen Zeitvertreib ist.

Betrachtet man Gegenwartsmalereien an den Wänden öffentlicher Toiletten, darf man feststellen, dass über die Jahrtausende genetisch einiges an Schöpferkraft weitergegeben wurde.

Es gab nichts, was der Neandertaler nicht mit Mut, Einsatzkraft und einer kräftigen Erektion zuwege gebracht hätte.

Kauen war gestern

Der Schnellimbiss der Geschwister Schrüll

Am Rande von Bretterbach, nur einen Steinwurf von der Oleftalsperre entfernt, wird kulinarische Geschichte geschrieben.

Die Imbissbude der Schwestern Renate, Gitte und Lucia Schrüll steht seit jeher am Parkplatz vor dem Pfarrheim, eingekeilt zwischen den Containern für Altglas und Altkleider. »Unsere Gäste haben es immer eilig«, erklärt Lucia, die Älteste. »Früher fanden wir das traurig, heute sehen wir es sportlich.« Bei der Auswahl der Speisen in ihrer Bude setzen sie auf Bewährtes, das ihnen gut von der Hand geht. Brühwürste, Fritten, Schaschlik, Nudelsalat ... alles ist so fix auf dem Teller, dass der Kunde nur staunen kann.

»Aber dann kommt der anspruchsvolle Teil«, erklärt Gitte Schrüll. »Uns ist aufgefallen, dass das Kauen alles unnötig verzögert. Zubereitung und Verkauf gehen wie der Blitz, aber dann dauert es.« Gerade wenn das Schnitzel ein bisschen zu unnachgiebig oder die Frikadelle zu kompakt geraten ist, kaut der Gast lange und mühselig. »Dann sitzen die hier rum und blockieren die Plätze für die nächste Kundschaft«, bedauert Renate Schrüll.

Ein Topf zerkochter Salzkartoffeln lieferte eines Tages die bahnbrechende Idee. »Sie ließen sich löffeln wie Suppe«, erklärt Lucia begeistert. »Geschnetzeltes und Blattsalat in weißer Tunke haben sich ganz geschmeidig damit vermischt.«

Was als Missgeschick begann, wurde bald schon zum Konzept: Hühnerfrikassee mit Reis und grünem Salat, Gulasch mit Nudeln, Erbsen und Möhrchen ... Bei Speisen, die sich nicht so ohne Weiteres zu Brei kochen lassen, half schon bald der Pürierstab. Es musste von nun an nicht mehr gekaut werden, und die Kundschaft liebt die Darreichungsform nach Art der Astronautenkost.

»Was man löffelt, kann man auch trinken!«, erkannten die Schwestern im Folgenden messerscharf. Und so begannen sie, die breiartigen Speisen unter Zugabe der korrespondierenden Getränke in To-Go-Becher abzufüllen. Damit erreichen sie nun ein Maximum an Essgeschwindigkeit.

Die findigen Imbissbudenbesitzerinnen feilen bereits an Plänen für anspruchsvolle Drei-Gänge-Menüs. Suppe, Hauptgang und Dessert, fein püriert und in eine Trinkflasche abgefüllt, sollen auch die Gourmets unter den Imbissgästen zufriedenstellen. Außerdem denken sie an Kommunionfeste, Hochzeiten und Trauerfeiern, die schon nach der Hälfte der Zeit vorbei sein könnten, wenn das gesamte Büffet sich einfach aus einem Hahn in die Teller zapfen ließe.

In der Hauswirtschaftsschule ahnten die drei blutjungen Schwestern noch nicht, welchen revolutionären Weg sie einmal einschlagen würden.

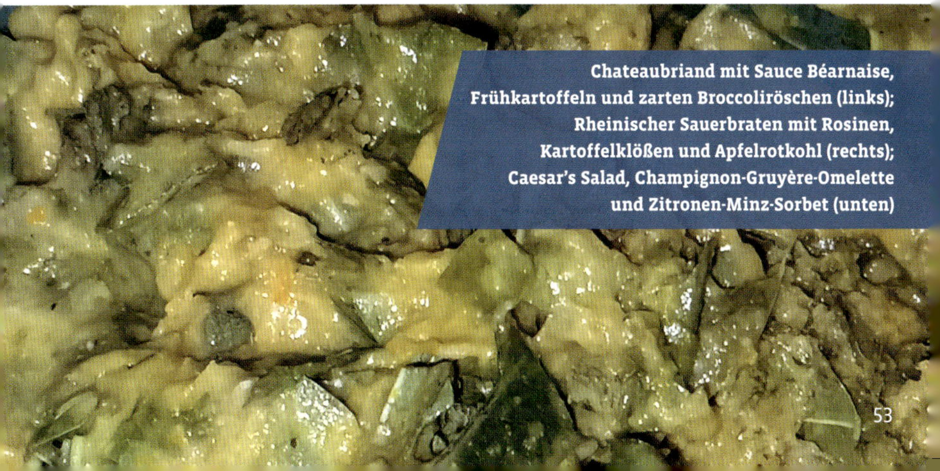

Chateaubriand mit Sauce Béarnaise, Frühkartoffeln und zarten Broccoliröschen (links); Rheinischer Sauerbraten mit Rosinen, Kartoffelklößen und Apfelrotkohl (rechts); Caesar's Salad, Champignon-Gruyère-Omelette und Zitronen-Minz-Sorbet (unten)

Kamelle! Kamelle!

Die Blutwurstbonbonfabrik

Ingeborg Gallreuther aus Urselbusch-Unterdarm vermeidet in der Öffentlichkeit ein allzu offensives Lächeln. In ihrer Jugend hat der oftmals rauschartige Genuss von Süßwaren zu verheerenden Einschlägen in ihrer Zahnlandschaft geführt. Wenn sie heute durch ihre Produktionsstätte führt, erklärt sie mit sparsamen Lippenbewegungen: »Ich musste weg von dem Zeug. Das war regelrecht kalter Entzug.« Eines Tages steckte ihr die mitfühlende Großmutter, eine Metzgerswitwe, ein Bonbon zu. »Ich dachte zuerst: Jetzt hängst du wieder an der Kamelle, aber es war gar nicht süß, es war zäh und kaubar, und es schmeckte nach Blutwurst.«

Die kleine Ingeborg überwand ihre Zuckersucht und bekam fortan Blutwurstbonbons von der Oma. Zu Ostern wurden sie zwischen den Sträuchern im Garten versteckt, zu Weihnachten lagen sie auf dem Gabenteller, und die Kindergeburtstage im Hause Gallreuther bekamen eine ganz neue Qualität. Auf dem Sterbebett verriet die Großmutter ihr das geheime Rezept: »Schweineblut, Schwarte, Brühe, Blut, Zwiebeln, Salz und eine besonders wichtige Zutat, die mit F anfängt und mit R aufhört.«

»Ich habe alles ausprobiert«, erzählt Ingeborg heute. »Sogar Fensterleder und Fliesenkleber, und irgendwann hatte ich es dann schließlich gefunden!« Diese Zutat, dank der die Bonbons nach dem Kochen und Räuchern den nötigen Biss bekommen, verrät sie natürlich nicht.

Ingeborg produzierte zunächst für Freunde und Verwandte und versorgte aber bald schon den ganzen Landkreis Vulkaneifel. Die Nachfrage wuchs, die Lust auf Variationen ebenfalls. Es gibt die Bonbons inzwischen mit Pistaziensplittern, mit Sülzekern oder auch mit einer knackigen Hülle aus Bitterschokolade. Sehr stolz ist Ingeborg Gallreuther auf die Variante mit Eukalyptus – die als Arzneimittel anerkannte »Husten-Blutwurst«.

Sie produziert auch andere Bonbons auf herzhafter Basis: »Linsensuppe«, »Saure Nierchen« oder »Harzer Roller«. Der Renner jedoch bleibt die klassische Blutwurstkamelle. Ein Großauftrag für den Kölner Karneval, bei dem sie der dort so sehr geschätzten Blutwurst granuliertes Kölsch beimengte, machte sie in den Neunzigern im ganzen Rheinland berühmt.

Ihre Produkte verschickt sie in die ganze Welt. An Kundschaft in sehr weit entfernten Ländern etikettiert sie von vornherein alles mit »Makrelenbonbon«, egal was im Paket ist. Das haut auch nach mehreren Wochen Lieferzeit geschmacklich immer noch hin.

Man kann bei Ingeborg Gallreuther einzeln oder in Gruppen Führungen durch die Bonbonküche buchen. Das Mitbringen einer Nasenklammer wird dringend empfohlen.

Ein großer Werksverkauf offenbart die ganze Vielfalt des über alle Maßen schrecklichen Sortiments.

Die Entdeckung der Langsamkeit

Der erste Schneckenzoo in der Vulkaneifel

Die aus Kampanien stammende Familie Leccomio zog mehrere Jahrzehnte mit ihrem Wanderzirkus durch Deutschland, bis schwere Schicksalsschläge das Aus für den Familienbetrieb besiegelten. Der einzige Löwe starb mit 34 Jahren, weil er sich an einem der Dompteure verschluckt hatte, und das Zelt wurde über den Winter 2005 ein Opfer der Motten.

Weil sie aber »Tierfreunde durch und durch« sind, wie sie von sich selbst behaupten, beschlossen sie, sich mit einer ihrer größten Attraktionen in der Eifel anzusiedeln. Schon immer war die Schneckendressur eines ihrer Markenzeichen, und sie beschlossen, dieser beliebten Weichtierart treu zu bleiben. »Es hätte uns das Herz gebrochen, all die vielen Tiere in die Freiheit entlassen zu müssen«, erklärt Familienoberhaupt Gennaro Leccomio. »Sie sind es gewöhnt, regelmäßig gefüttert und gebadet zu werden, und hätten sich in der freien Wildbahn wahrscheinlich gar nicht zurechtgefunden.«

Zunächst zogen sie mit den Schnecken von Dorf zu Dorf und ließen sie in den Gemüsegärten weiden, aber auch wenn sie angeblich überall gern gesehene Gäste waren, wurde ihnen das unstete Leben irgendwann zu beschwerlich. Sie erwarben sechs Hektar Land nahe dem Flugplatz Senheld in der Vulkaneifel und eröffneten 2007 den ersten Schneckenzoo der Eifel.

Hier leben die Schnecken heute in verschiedenen Vegetationszonen, vernichten jedes aufkeimende zarte Grün in einer Geschwindigkeit, die man den eher bedächtigen Tieren kaum zutraut.

Gennaro Leccomio ist stolz: »Wir haben hier Tiere ganz unterschiedlicher Rassen, Nacktschnecken und Weinbergschnecken. Fünfzehntausend Exemplare. Viel mehr Tiere, als der Kölner Zoo vorweisen kann!«

Hauptsächlich richtet sich das Freizeitangebot des Zoos an Familien. Die Kinder können hier staunend Zeugen des authentischen Lebens der Schnecken in freier Natur werden, sie bei wilden Revierkämpfen oder bei der Paarung beobachten. Ein besonderer Moment ist tagtäglich die Fütterung um fünfzehn Uhr, bei der deutlich die Hierarchie unter den Tieren, die Einteilung in Alpha-, Beta- und Omega-Tiere, zu beobachten ist.

Kunststücke studieren die Leccomios nicht mehr mit den Schnecken ein. Waren diese früher mit gewagter Akrobatik am Trapez zu sehen, vollführten Loopings und Spiralsprünge, sind es heute eher die wöchentlich veranstalteten Fotosafaris im historischen Fiat Panda, die das Publikum begeistern.

Die Familie Leccomio zog lange mit ihren Attraktionen durch das Land. Von Raubtieren verlagerte sie die Dressur im Laufe der Zeit auf ungezähmte Schnecken.

Die Weinbergschnecke *(Helix pomatia)* ist gutmütig und gesellig und trifft sich gerne mit ihren Artgenossen zu einem kleinen Schwatz von Gehäuse zu Gehäuse.

Munter plätschert der Harn

Das Flüsschen Harn in der Moseleifel

Die Eifel verfügt über viele Gewässer. Stehende, fließende oder ein Mittelding wie der Harn. Der kleine Fluss führt immer nur dann genügend Wasser für den Bootsverkehr, wenn im Dorf Kratzgurgel im Landkreis Cochem-Zell, in dem er im Garten des alten Pastorats entspringt, gerade wieder einmal eines der zahlreichen Volksfeste stattfindet. Wenn Schützenfest, Kirmes, Backfest, Junggesellenfest, noch eine Kirmes, Sommersonnenwende, Schlachtfest, eine weitere Kirmes, Sportfest, Mülltonnensegnung oder Kaisers Geburtstag auf dem Dorfanger unweit der Quelle gefeiert werden, dann steigt der Pegel rapide an, was gemeinhin mit der treibenden Kraft des Biers erklärt wird. Das Wasser im Harn ist dann flugs etwa anderthalb Meter tief und somit schiffbar.

Das restliche Jahr über handelt es sich um ein dünnes Rinnsal, das blass und unauffällig in behäbig mäanderndem Verlauf in Richtung Mosel dümpelt.

Dass sich der gelblich trübe Fluss ganzjährig in erster Linie aus den Abwässern der höher gelegenen Häuser des Dorfs speist, mag durchaus verdächtig erscheinen, nicht nur weil Kratzgurgel bis heute nicht an das Kanalnetz angeschlossen wurde und auch niemand Anstrengungen unternimmt, dies in absehbarer Zeit geschehen zu lassen.

Die Wasserqualität wird von einem dorfeigenen Institut streng überwacht, dem »Analytisch-biologisch-orientierten Testzentrum«, kurz »A.B.O.R.T.«. Wenn auch nicht staatlich anerkannt, führt diese Einrichtung in Gestalt von Elmar Strothkötter, der zweieinhalb Jahre als Hausmeister beim Landesamt für Umwelt in Mainz gearbeitet hat, mit großem Sachverstand wöchentliche Messungen durch. Bei hin und wieder auftretenden Auffälligkeiten reagiert er unverzüglich mit der großzügigen Verteilung von Klosteinen im Gewässerverlauf oder einer Gabe von *Domestos* direkt an der Quelle. Trinkwasser wird dem Harn nur in absoluten Notfällen entnommen. Allgemein gelten dabei dieselben Schutzvorschriften wie beim Kühlwasser aus der Kernenergienutzung.

Als biologische Sensation gilt indes die Ansiedelung einer ungewöhnlichen Untergattung der Entenvögel seit den Siebzigerjahren: Neben Stockenten und Haubentauchern breitet sich mehr und mehr die streng geschützte und ebenso streng riechende WC-Ente aus.

Je nach Witterung changiert die Farbe des Harns von zitronengelb zu schwefelgelb oder goldgelb. An Wochenenden ist das Flüsschen mitunter postgelb und riecht nach Briefmarkengummierung.

Howgh den Lukas

Die Karl-May-Festspiele im Steinbruch von Kniersch

Es ist dem langjährigen Knierscher Bürgermeister Lukas Maria Kernbeiß zu verdanken, dass die kurz nach seinem Amtsantritt im Jahr 1915 von ihm initiierten Karl-May-Festspiele das unscheinbare Dorf im Maifeld überregional berühmt gemacht haben. Als großer Verehrer der Bücher Karl Mays kam ihm die geniale Idee, den örtlichen Basalt-Steinbruch der Gebrüder Plemm zur Freilichtbühne umzufunktionieren. Der dorfeigene Theaterverein »Vorhang zu! 1747 e.V.« schlüpfte in die Rollen von Cowboys, Indianern und Pferden, die Kulissen stiftet traditionell das Möbelhaus Schwolm. *»Der Schatz im Silbersee«, »Winnteou I-IV«* und die eigens neu verfassten Teile *»Winnetou V – XXVI«* locken Sommer für Sommer Neugierige an. Wer diesem Schauspiel einmal beigewohnt hat, gehört unweigerlich zur verschworenen Gemeinschaft derer, die sagen, dass dies kein zweites Mal sein muss.

Das Besondere an den Knierscher Festspielen besteht zweifelsohne darin, dass die Darbietungen während des laufenden Betriebs stattfinden. Diese Bedingung der Steinbruch-Betreiber gilt bis heute. Unter das turbulente Geschehen auf der Bühne mischt sich das emsige Treiben des Basaltabbaus mit röhrenden Baggern, herumknatternden Tiefladern und kreischender Gesteinsfräse. Folglich sind alle Akteure gezwungen, statt Stetson und Federschmuck grellgelbe Schutzhelme zu tragen. Die Fantasie des Publikums ist also gefordert. Wird der Maschinenlärm zu laut, als dass sich die Schauspielerinnen und Schauspieler akustisch noch halbwegs verständlich machen können, helfen überdimensionale Texttafeln, die hin und her getragen werden, und wenn wieder einmal eine Sprengung auf den Termin der Aufführung fällt, muss auch das Publikum Helme tragen.

Mehrere Akteure starben im Laufe der Jahrzehnte nicht nur den Bühnentod, sondern ließen wahrhaftig ihr Leben durch Steinschlag oder unter der Baggerkette.

Den Old Shatterhand gibt schon seit dem Jahr 1947 der Küster Erhard Zittergiebel. Er ist seit Jahrzehnten der unbestrittene Publikumsliebling. Seit einigen Jahren wird der knapp Neunzigjährige mit einem Seilzug auf das Pferd gehievt, das aktuell mit großer schauspielerischer Hingabe von den Zwillingen Olli Knöppels (Kopf, Brust, Vorderläufe) und Alli Knöppels (Rumpf, Hinterläufe, Gesäß) (oder umgekehrt) gespielt wird.

Heutzutage gibt es aufwendige Shows im Rahmenprogramm, und Helme sind bei laufendem Baggerbetrieb Pflicht.

Als Erhard Zittergiebel (u. l.) im Jahr 1951 wegen eines eingewachsenen Zehennagels ausfiel, übernahm seine Schwester Hiltrud (u. r.) seine Rolle, wurde von einem Filmproduzenten entdeckt und ging nach Bollywood.

Gut versteckt, Hase!

Osterbräuche in Plack am Hals

Ostern ist ein ungemein bewegliches Fest, und keiner weiß so richtig, wann es in welchen zeitlichen Abständen zu irgendwas anderem gefeiert wird. Außer im Örtchen Plack am Bächlein Hals. »Ostern ist immer genau sieben Wochen, bevor die nicht gefundenen Ostereier anfangen zu stinken«, erklärt Dorfschullehrer Josef Maria Möchtegern milde lächelnd.

Auf dem Dorfplatz wird unter der Betreuung der Mütter sechs Tage vor Ostern mit dem Festtagsschmuck begonnen. Jahr für Jahr wird ein großer Forsythienstrauch mit bunt bemalten Eiern behängt. Hier werden allerdings die Eier nicht ausgeblasen wie anderswo, sondern sie werden ausgesaugt. Das muss jedes Jahr das sowieso schon dickste Kind machen. Im einen Jahr ist es ein Junge und im nächsten Jahr auch wieder ein Junge. Vierhundert Eier schmücken dann schließlich während des Fests den Strauch.

Die Kinder von Plack bemalen fröhlich die Eier mit Farben, die ihnen von der ortsansässigen Firma »Brutanol Lacke« gestiftet werden. Meist sind es Braun- und Grüntöne, die sich dank ihres hohen Lösemittelgehalts durch eine hervorragende Haftfähigkeit auszeichnen. Mitunter sind sogar farbenfrohe Zweikomponenten-Metalliclacke darunter. Beim Bemalen herrscht unter den Kindern strenges Rauchverbot, da die Materialien unter Umständen leicht entzündlich sind.

Traditionell werden in Plack am Hals Küken im Osterzopf eingebacken. Ein jedes Kind freut sich, am Ostersonntag einen Kükenwecken, dick mit Butter bestrichen, zum Frühstück verzehren zu dürfen. Nur das dicke Kind, das die Eier ausgesaugt hat, nicht.

Ein ganz besonderes Wunder geschieht alljährlich, wenn sich in der Osternacht Wasser zu Obstlerwasser wandelt. Der Osterhase ist der erste, der davon trinken darf. In jedem Jahr schlüpft ein anderer aus dem Gemeinderat in das alte Kostüm aus einem Eisbärenfell und einer Pudelmütze mit als Ohren angenähten Filzpantoffeln. Um sechs Uhr in der Früh zieht er schon mit einem Einkaufskörbchen aus dem Rewe voller Schokoladenhasen, Eier und anderem Naschwerk los. Was er selber nicht mag, versteckt er dann in Ecken, wo man es nicht so schnell wiederfinden kann. In der Dachrinne, unter dem Deckel der Güllegrube oder in Fangeisen im nahen Wald beispielsweise. In manchen Jahren hat der Osterhase vorher so viel gutes Obstlerwasser getrunken, dass er nicht nur die Eier besonders gut versteckt, sondern auch selber nicht mehr nach Hause zurückgefunden hat.

Die Kinder des Dorfes färben fleißig Eier in wohlduftendem Holzschutzmittel und freuen sich jedes Jahr auf den Kükenwecken.

Der Osterhase Detlef Knitterböggel ist seit dem Jahr 1998 verschollen. Es ist ärgerlich, jedes Mal ein neues Kostüm nähen zu müssen.

Fast wie im Olymp

Die Tempelanlage von Hirserich

Wer von Monschau kommend das Dorf Hirserich durchfährt und bei der Kirche St. Luftikus scharf rechts abbiegt, kommt auf den Schotterweg, der ihn geradewegs zu den Ruinen einer antiken Tempelanlage führt – aber nur, wenn er das unbedingt will. Das Areal ist etwa zwei Fußballfelder oder ein Fünftel des Saarlands groß. Hier findet man Mauerreste und gepflasterte Pfade, anhand derer man den Grundriss des ehemaligen Heiligtums erahnen kann. An diesem Platz wurde den alten Eifeler Göttern gehuldigt, lange bevor der Katholizismus sich das Land einverleibte. Es gibt nur noch wenige halbwegs erhaltene Reliefs und Malereien, die Auskunft über die bunte, vielfältige Welt dieser Gottheiten geben.

Das göttliche Eifeler Oberhaupt ist zweifellos Göttervater Jupp, stets dargestellt mit Mistforke und Futterrübe. Er ist der Gewittergott, der im Zorn lauten Donner aus seinen Körperöffnungen rollen lassen kann. Ihm zur Seite steht Göttermutter Marie, die Faltenreiche. Schneebesen und Wurzelbürste sind ihre Insignien. Man erflehte ihre Hilfe bei angebranntem Grießpudding oder eingelaufener Wäsche.

Marie gebar Jupp die Kinder Schäng, Kätt und Heiopei, die Götter des Rahmspinats, des Rückenschwimmens und der Zahnhygiene. Zusätzlich erschien aber ihr Jupp einer Handvoll ahnungsloser Eifelerinnen in Gestalt eines Eichhörnchens oder eines Wiedehopfs und zeugte mit ihnen die Halbgötter Tuppes, Annemie, Kabänes und Trulla, die zu nichts nütze waren und dem Göttervater nur auf der Tasche lagen.

Es gab, so glaubten die Eifeler, Götter für alles und jedes. Für die Ernte, für das Wetter, für Mandelentzündung, Grillkohle, Schnupftabak und verstopfte Abflüsse. Andere waren für Handarbeit, Haustiere und halbe Hähnchen verantwortlich. Die meisten aber waren zweifellos für Spirituosen zuständig. Hundertvierundzwanzig Götter gab es für Apfelschnaps, Kirschbrand, Wacholder, Terpentin usw.

Es ist ein offenes Geheimnis, dass es auch in der heutigen, aufgeklärten Zeit noch zahlreiche Eifeler gibt, die in aller Heimlichkeit dem heidnischen Kult anhängen und uralten Ritualen huldigen. In Neumondnächten verzehrt man geweihte Fritten und verbrennt Plastikmüll, und man liest sich gegenseitig die Botschaften der Götter aus den Eingeweiden überfahrener Karnickel vor. Jungfrauenopfer sind nicht nur mangels Verfügbarkeit mittlerweile einigermaßen aus der Mode gekommen.

Göttervater Jupp mit Mistgabel und Rübe, Götterurgroßmutter Lisbeth mit der Tagesration Heiligem Met, und wofür Göttin Lola (links) zuständig ist, weiß man nicht.

29

Dem Bauern die Scholle, dem Brauer die Knolle

Die Knollen-Brauerei in Übelburg

»Darauf ein frisches Übel!« Kein Geringerer als der beliebte kölsche Volksschauspieler Willi Milosewicz machte in den Siebzigern Fernsehwerbung für ein frischgezapftes Knollenbier aus der Eifel. Er trank genüsslich, wischte sich den Schaum von den Lippen, zwinkerte in die Kamera – und als die Aufnahme im Kasten war, erbrach er sich geräuschvoll.

Doch zurück zu den Anfängen: 1957 experimentierte der Konditorssohn Edwin Rüsselschmidt wieder einmal in der elterlichen Backstube mit herum. Sein Forscherdrang speiste sich aus dem Denkansatz: »Man kann aus allem Alkohol machen.« Er mischte alte Plunderteilchen mit vergorenem Kirschkompott, setzte Pilz- und Schimmelkulturen zu, rührte Roggen und Weizen unter und gab auch den zahlreichen zur Verfügung stehenden Hefen neue Aufgaben. Als die Übelburger Kundschaft wegen zunehmender Vergiftungsfälle fernblieb, dafür aber immer öfter das Gesundheitsamt vorstellig wurde, verbannten die Eltern ihn aus der Backstube.

In der Waschküche setzte er heimlich seine Versuche fort. Der Kessel für die Kochwäsche wurde kurzerhand zweckentfremdet, Malzbonbons, Schwarzbrot, Rheumasalbe und vergessenes Spritzgebäck wanderten in drei Eimer siedenden Apfelessig. Die Futterknollen für die Karnickel fanden ebenso Verwendung wie das ein oder andere Kaninchen selbst.

Und sein Eifer wurde belohnt: Unzählige Versuche später war das Übelburger Knollen-Bier geboren! Da sich die eingesetzte Hefe weder als ober- noch als untergärig klassifizieren ließ, prägte Rüsselschmidt kurzerhand den Begriff »mittelgärig«. Auch hatte er versäumt, die Rezeptur zu notieren, was in der Folge zu stark schwankenden Geschmackserlebnissen führte. Seine Schulfreunde kamen in den kommenden Tagen in den Genuss des neuen Getränks und litten unter zeitweiligem Hörverlust oder dauerhaften Beeinträchtigungen des Sehvermögens. Der Begriff »Blindverkostung« erhielt in diesem Zusammenhang einen ganz neuen Sinn.

Rüsselschmidt übernahm schon früh die Konditorei, weil beide Elternteile von einem Tag auf den anderen zu Pflegefällen wurden – angeblich nach dem Genuss seines Bieres. Er stellte die Produktion auf Knollenbier in den Geschmacksrichtungen »Herb«, »Herber« und »Am allerherbsten« um. Doch der erhoffte Erfolg blieb aus. Das »Übelburger« konnte sich letztendlich nicht gegen die etablierten Markenbiere durchsetzen. Die Investition in den Fernseh-Werbespot brach dem Unternehmen schließlich das Genick.

Edwin Rüsselschmidt ist heute hauptsächlich mit dem Verzehr des gelagerten Biers beschäftigt und zeigt Besuchern gerne die verwaiste Produktionsstätte. Er experimentiert angeblich wieder mit Alkohol aus Küchenkompost und abgelaufenen Molkereiprodukten. Sein früheres Werbemodel Ulf von Aufstoß (u. r.) ist völlig erblindet und trägt jetzt eine Brille mit aufgedruckten Augen.

Bitter arm, aber glücklich

Das Agnes-Linsengruen-Haus in Pullerbühl

Die Kinderbuchautorin Agnes Linsengruen (1911–2015) war zweifellos eine der berühmtesten Schriftstellerinnen der Eifel. Mit ihren Kindheitserinnerungen aus dem kleinen Weiler Pullerbühl bei Neuerburg bezaubert sie noch heute Kinder wie Erwachsene. Die Kinder in ihren Büchern sind Fluppe, Hacke, Blöke, Kröke und Hirse. Ihre Jugend in den 20er-Jahren wird in siebenundvierzig Bänden bildhaft und detailreich geschildert. Band 1 bis 14 beschreiben den beschwerlichen Schulweg im Winter, in dem die Kinder fast fünfzig Kilometer durch mehrere Meter hohen Schnee zurücklegen müssen. Sie erleben bei minus 38 Grad manch heitere Episode mit Wölfen, und man ist immer gespannt, ob es der arge Frost oder die wilden Tiere sind, durch die wieder einmal einige Gliedmaßen verloren gehen.

Band 15 bis 27 erzählen von der Heuernte und von den munteren Spielen, mit denen sich die Kinder die Zeit vertreiben. Das Hasenverknoten oder das Fröscheumstülpen kennen die Kinder heute kaum noch. Sie wissen nicht, wie köstlich Fensterkitt schmeckt, frischer Schneckenkuchen duftet oder eine kräftige Holzsuppe wärmt, wie sich eine Windel aus Kartoffelsack anfühlt oder wie man mit einem Schwefelholz und Pferdeblähungen Runkelrüben röstet.

Um den Besuch des Markts in Neuerburg, auf dem immer wieder Kinder per Handschlag verkauft werden, bei dem sie ihre erste Meerschaumpfeife rauchen und hinterher neun Schweinehälften nach Hause tragen müssen, geht es in den Bänden 28 bis 37.

In Band 38 bis 46 wird der sehr lange Heimweg von der Schule durch den tiefen Eifelschnee beschrieben, auf dem sie sich zum ersten Mal rasieren, in den Stimmbruch kommen und sich zum ersten Mal fortpflanzen.

Der letzte Band blieb unvollendet und wurde nur als Fragment veröffentlicht. Er beschreibt die Weihnachtsvorbereitungen, den Diebstahl des Festtagsbratens und das Organisieren des Christbaums, ohne in ein Fangeisen zu treten. Als ein Duft von geröstetem Igel durchs Haus streicht und Kröke und Hirse unter dem Weihnachtsbaum, der mit Kerzen aus Ohrenschmalz, Kartoffelschalen und den Goldzähnen und Haaren der gerade verstorbenen Großmutter geschmückt ist, ihre Geschenke auspacken – ein Mosaik aus Zehennägeln und eine Oboe aus einer durchbohrten Gießkanne –, bricht die Erzählung jäh ab. Agnes Linsengruen konnte ihren Romanzyklus nicht mehr beenden.

Auf dem Weg zur Schule: Vier Kinder sind zu sehen, das fünfte ist entweder unter dem Schnee oder im Wolf.

Das Elternhaus von Agnes Linsengruen. Teil des Verputzes wurden zu ihrer Kommunionfeier im Jahr 1920 zu einem schmackhaften Auflauf verarbeitet.

Wieder wie neu!

Die Werkstatt des Restaurators Willi Fummel

Gelernt hat Wilhelm Otfried Fummel eigentlich Eisenbieger. Dass er sich heute auf Restaurierungen verlegt hat, verdankt er zwei Bandscheibenvorfällen und einem Umschulungsangebot der Bundesagentur für Arbeit. Dass es sich bei »Restaurator« nicht um eine Tätigkeit als Gastronomie-Testesser, sondern um die filigrane Kunst der Wiederherstellung von Gemälden handelt, begriff der intellektuell nicht grenzenlos belastbare Fummel erst nach und nach. Nicht zuletzt aus Bequemlichkeit vollendete er die Maßnahme und stürzt sich heute mit großer Hingabe auf jedes beschädigte Kunstwerk, das man ihm arglos anvertraut.

Ein Besuch in seinem Atelier in Klopsmühle bei Kaisersesch stellt eine echte Grenzerfahrung dar und kann bei empfindsamen Menschen zu anhaltenden Wahrnehmungsstörungen führen.

Fummel beherrscht sämtliche Stilarten, weiß sie jedoch so gut wie nie voneinander zu trennen.

Er bemüht sich bei jeder Darstellung menschlicher Züge um ein Höchstmaß an Realismus, stößt aber stattdessen ungewollt in die höchsten Sphären kubistischer Entkörperlichung vor.

Das dritte Nasenloch einer spätbarocken Madonna mag noch als missglückter Schlagschatten durchgehen, für die dritte Brust einer Aphrodite aus dem 17. Jahrhundert allerdings hat er keine plausible Erklärung mehr. Fummels Frauenbild kann als unkonventionell bezeichnet werden, und seine ausgeprägte Vorliebe für Madonnendarstellungen begründet er mit seiner übergroßen Mutterliebe. Die grobkantigen Züge von Leopoldine Fummel, geborene Klotz, finden sich allenthalben fein eingearbeitet in Ikonen und Ölminiaturen wieder. »Hart, aber herzlich war sie«, sagt Fummel versonnen, wenn er darauf angesprochen wird. »Ihre letzten Worte am Sterbebett waren: Glotz nicht so blöd, du Volltrottel!«

Dass er sich über die Gesamtzahl der Finger zweier betender Hände bislang nie übermäßig viele Gedanken gemacht hat, ist augenfällig. Begriffe wie Fluchtpunkt oder Zentralperspektive schreibt er der Raumfahrtforschung zu. Die Wahl der verwendeten Farbtöne macht er meistens von den zur Verfügung stehenden Materialien abhängig. »Ich bin auch manchmal ganz grün im Gesicht«, erklärt er mit Nachdruck. Die Besucher des Ateliers sind es schon nach kurzer Zeit in jedem Fall.

Einen großen Wunsch für die Zukunft hat Willi Fummel noch: Er möchte demnächst zu gerne mal ein bisschen an der Sixtinischen Kapelle herumrestaurieren.

Mit Haut und Haar verliebt

Die Eifeler Regional-Hymne

Wer akustische Herausforderungen nicht scheut, kann sich auf einen Spaziergang durch das idyllische Pieselbachtal unweit des deutsch-luxemburgischen Grenzgebiets machen. Mit etwas Unglück kann er dort nämlich Zeuge einer bizarren Darbietung werden. Mehrmals pro Woche steigt Karl-Heinz Rübsam, ein frühpensionierter Musiklehrer aus Bitburg zum Aussichtspunkt hoch über dem Tal hinauf, um dort die von ihm komponierte Eifel-Hymne zu schmettern.

Rübsam stammt aus dem Ruhrgebiet und lebt seit rund zwei Jahrzehnten in der Eifel und hat seither seine antidepressiven Medikamente abgesetzt. Bei einem Wettbewerb des Radiosenders Eifelradio-XXtrem komponierte er eine Hymne und belegte damit auf Anhieb einen der letzten drei Plätze. Er hat bislang keinen Musikverlag gefunden, und alle Versuche, Eifeler Musikvereine zur Vorführung seines Werks zu überreden, scheiterten kläglich.

Seither beglückt er nichtsahnende Wanderer mit seiner Sangeskunst. Bemerkenswert ist, dass er seine öffentliche Darbietung ganzjährig nur mit einer Feinripp-Unterhose bekleidet zu Gehör bringt.

Um die Darbietung bestmöglich auszukosten, schiebt er vor jedem Refrain einen etwa siebenminütigen Untertongesang ein, bei dem er durch besonderen Einsatz seines Kehlkopfs Töne hervorbringt, die man sonst nur aus der Mongolei oder von den rituellen Gesängen der tibetischen Lamas kennt.

O Eifel

1. O Eifel, Herzensfreundin du,
wenn ich in deinen Tälern ruh,
will ich frohlocken, denn ich spür
dich hart und borstig unter mir.

2. Du bist schon unwahrscheinlich alt,
und trotzdem bin ich ganz verknallt
in deinen herben Körperduft,
der mich voll Sehnsucht zu sich ruft.

3. Gar keine kenn ich so wie dich,
die Schenkel weiß wie Bienenstich.
Die Haare stark wie Eisendraht,
die Lippen glatt wie Laminat.

***Refrain:** O Eifel, grobes Mägdelein,*
mit dir will ich zusammen sein.
Bauch, Beine, Busen und Popo,
dein Anblick macht mich seelenfroh.

Karl-Heinz Rübsam trägt die Eifel tief in seinem Herzen. Leider trägt er nicht besonders viel in seinem Kopf. Für einfach geklöppelte Reime reicht es immerhin.

4. Muss ich einmal auf Reisen gehen,
freu ich mich schon aufs Wiedersehn.
Ich träum von dir im fernen Land
und winke mit der rechten Hand.

5. Dein Antlitz strahlt im Sonnenschein
und nachts im Mond nochmal so fein.
Dann grab ich mich in dein Gesträuch
und höre froh dein Lustgeräusch.

6. Dein Herz wie meins im Gleichklang pocht,
du bist die Flamme, ich der Docht.
Ich bin die Seife, du der Schaum.
du bist mein Eichhorn, ich der Baum.

Refrain: *O Eifel, grobes Mägdelein,*
mit dir will ich zusammen sein.
Bauch, Beine, Busen und Popo,
dein Anblick macht mich seelenfroh.

Vorfahrt für die Sinne

Schilderwaldbaden am Rande der Autobahn

Auf dem Weg durch die Eifel vermisst mancher Besucher die ordnende Hand der Verkehrsregulierung, die steuernde Kraft, die im Getriebe der Ballungszentren Halt und Orientierung bei der Fortbewegung bietet. Die hier hauptsächlich anzutreffende, nahezu unbegrenzte Vielfalt der Möglichkeiten ohne überwachende Instanz überfordert Fußgänger, Radfahrer und Automobilisten gleichermaßen. Übergroße Freiheit führt – das ist pseudowissenschaftlich erwiesen – zu Entscheidungsstress.

Ein ganz neuer Trend setzt in der heutigen Zeit folgerichtig auf die heilende Kraft der Verbote: Im üppigen Schilderwald findet der gestresste Mensch endlich wieder zu sich selbst. Die amerikanische Therapieform des Schilderwaldbadens macht Körper und Seele gesund, davon ist Diplom-Waldbadentrainerin Annemie Shinyatsu-Klingdingens überzeugt, die Kursteilnehmer unter dem Stoppschild auf dem Rastplatz Bleimeile zwischen Zingsheim und Blankenheim am Rande der A1 empfängt.

»Abschalten ist so zur Selbstverständlichkeit geworden, dass man sehr schnell die Erdung verliert. Bei mir heißt es stattdessen Einschalten, die Sinne schärfen, gehorchen! Einatmen, ausatmen und dabei ganz intensiv die Schilder auf sich wirken lassen. Dem Motorenlärm der Autobahn und dem Brausen des Windes lauschen, wenn er an den Metallkanten der Schilder vorbeistreift. Beobachten, den Blick an den glatten Stahlstangen in die Höhe wandern lassen, die Verschraubungen betrachten … Es sind ganz elementare Wahrnehmungen, wenn man sich dem grellen Wechselleuchten der Verkehrsampeln aussetzt, angestrengt die Zahlen und Buchstaben studiert und intensiv die Ge- und Verbote verinnerlicht.«

Wenn ein Tempolimit die Schritte plötzlich auf 3,5 km/h herunterzwingt oder wenn das rigorose Durchsetzen des Rechts-vor-links-Gebots zu schmerzhaften Kollisionen führt, erfährt man seinen Körper ganz neu.

Mittelstarke Stromstöße bei Regelverletzungen und mehrmaliges Kassieren von Verwarnungsgeldern in den kurzen Erholungspausen bringen bei den Kursteilnehmern Psyche und Physis erstaunlich gut wieder in Einklang. Der Sauerstoffgehalt im Blut wird verknappt, der Stickstoffdioxidpegel in der Luft ist erhöht. Die Atmung wird beschleunigt, Puls und Blutdruck steigen sprunghaft an. »Das Infarktrisiko steigt schon nach drei, vier Kurseinheiten immens an«, schwört Shinyatsu-Klingdingens. »Dann lebt man doch gleich viel bewusster!«

Wer sich erst einmal auf die vielen Schilder einlässt, wird rasch ihre meditative Wirkung auf Geist und Körper erfahren. Besonders wenn er mit dem Kopf dagegenrennt.

Haute Couture mit Maashummer

Das Kittelschürzen-Outlet in Wirrhausen

Stillstand bedeutet fast immer Rückschritt. Aber dieser könnte mitunter auch ein Schritt in die richtige Richtung sein. Ein markantes Beispiel ist Wirrhausen, ein Dorf südöstlich von Hillesheim, das in den vergangenen zehn Jahren einen Umbruch erfuhr, wie er gravierender nicht hätte sein können. Die Kittelschürze – früher aus Baumwolle, in den 70ern aus Kunstfasern, sonntags geblümt, wochentags unifarben. In der Eifel ist sie nie vollständig aus den Kleiderschränken verschwunden, und deshalb wurde gerade hier die zunächst verrückt erscheinende Idee einiger privater Investoren im Jahr 2018 Wirklichkeit, als das »Kittelschürzen-Outlet Wirrhausen« eröffnet wurde. Zuvor waren zahlreiche Immobilien des Ortes – vornehmlich kleine Ladenlokale oder Gaststuben – aufgekauft und für berühmte Haushaltstextilien-Modehäuser umgebaut worden. In den ehemaligen Scheunen und Kfz-Werkstätten Wirrhausens, in Gewächshäusern und Milchküchen sind jetzt *Prawda, Flucci, Stiesel, Verartsche, Timmy Holzfinger, Molche & Kabänes* und zahlreiche weitere große Kittelschürzen-Labels ansässig und bieten Waren aus nicht mehr aktuellen Kollektionen, B-Ware, Rückläufer des Handels oder Ware aus Überproduktionen zu attraktiven Preisen an. Wenn früher der Eifeler seine Frau noch tagelang von Krammarkt zu Krammarkt fahren musste, findet diese hier nun die gesamte Angebotspalette auf gut fünf Quadratkilometern Fläche.

Der berühmte belgische Modezar Randolph Maashummer fungiert von Beginn an als Botschafter des Outlets. Hier beobachtet der international gefeierte Couturier »eine Moderevolution, die mitten aus der Provinz kommt«, und träumt bereits von Textilfabriken, von einer Seidenraupenzucht, von Modeschulen und einer jährlichen Kittelschürzen-Fashion-Week. »Die Eifel hat einfach das gewisse *je-ne-sais-quoi*. Mailand, Paris und New York können einpacken!«, prophezeit er.

Schon jetzt locken an jedem verkaufsoffenen Wochenende mehrere, über den ganzen Ort verteilte Laufstege die Fashionistas nach Wirrhausen und zeigen Kittelschürzen-Mode in all ihrer schillernden Vielfalt. Dürre Models präsentieren auf nackter, blasser Haut die Kittelschürze von heute: Chiffon, Satinbrokat und Folienstretch haben längst die klassischen Textilien abgelöst. Hipster-Look und Vintage-Style setzen neue Akzente. Auch das Upcycling von Eifeler Stoffen wie Matratzenbezügen, Schützenvereinsflaggen, Apfelsinennetzen und Faltgaragenfolien ist ein Thema.

Die Kittelschürze vergangener Zeiten war der Ausdruck des lustbetonten Lifestyles.

Die moderne Hausfrau trägt die Kittelschürze als modisches Statement für Fleiß und Wohlanständigkeit.

Randolph Maashummer hat auch bei den Eifelerinnen den richtigen Blick für den richtigen Look.

Fifty Shades of Green

Der Grützweiher bei Wompelsfeld

Wer auf der Suche nach außergewöhnlicher Zerstreuung ist, kann an der heißen Herdplatte lecken oder sich eine Spaxschraube durch den dicken Zeh bohren – das alles ist besser als ein Badeausflug zum Grützweiher. Der strenge Duft des Gewässers warnt Ankömmlinge schon in mehreren Hundert Metern Entfernung. Wen das nicht abschreckt, der sollte sich hinterher nicht beschweren.

Der Grützweiher kann die Herkunft seines Namens wahrlich nicht verleugnen. Wenn die Entengrütze in voller Blüte steht, ist im munteren Spiel der durch den meterhohen Brennnesselbestand einfallenden Sonnenstrahlen ein geradezu magisches Farbenspiel auf der Oberfläche des nicht ausreichend versteckt liegenden Tümpels zu beobachten. Ein trübes Graugrün wechselt sich auf den träge vor sich hin suppenden Wellen mit dem mulmigen Farbton mehrwöchig vergessener Leberwurst ab oder auch mit dem schaumig getupften Gallegrün eingeweidebesprenkelter OP-Kittel.

Schillernde Gasblasen steigen keck zwischen den zottigen Algenteppichen auf, deren satter Olivton an unreifes Obst erinnert, und zerplatzen mit schmatzenden Geräuschen.

Abenteuerlustige Schwimmer oder selbst Enten oder Molche kommen im zähen Schleim kaum voran. Die Natur zwingt sie zur Langsamkeit. Der brackige Duft erinnert stark an Verdauung und Notdurft und heftet sich an die Kleidung eines jeden Besuchers.

In früheren Jahren wurde der Teich von den Bewohnern mehrerer ringsum gelegener Aussiedlerhöfe als illegale Müllkippe missbraucht. Im Trockensommer 2007 tauchten eine rostige Wäschespinne, ein Zahnarztstuhl und ein lang verschollenes Bushaltestellenhäuschen wieder auf. Doch dieser Umweltfrevel gehört der Vergangenheit an, denn niemand kippt hier mehr Unrat hinein. Dazu müsste man sich ja dem Tümpel nähern. Wenn heute etwas in den schillernd grünen Untiefen verschwindet, sind das höchstens betrunkene Mofafahrer oder unbeaufsichtigt spielende Kinder.

Mehrfach wurde geplant, den Grützweiher trockenzulegen, doch keiner war bereit, das abzupumpende Wasser aufzunehmen. Versuche, mit Spüli oder Schaumbad für eine Verbesserung der Situation zu sorgen, scheiterten am Umweltschutz und vor allem an der Uneinigkeit darüber, welche Duftsorte zum Einsatz kommen sollte.

Frieden und Kontemplation herrschen im und um den Weiher, hier gibt es keine unruhigen Wellen – allein schon wegen der gallertartigen Konsistenz des Wassers.

Nix los mit Moos

Ein grundsätzlich grundloses Gründerzentrum

Zwischen den Vulkaneifeldörfern Rotzbuckel und Schladderfeld fallen am Rande der Straße die gewaltigen Anlagen der ehemaligen Maultrommel-Fabrik Plitsch & Klingel auf. In der Vergangenheit gab es zahlreiche Versuche von kleineren Neugründungen in den großen Hallen: ein Brennholzverleih, ein Kampfhunde-Räumdienst, ein Videocassetten-Löschservice ... Etabliert hat sich bislang keiner. Jetzt gibt es endlich einen neuen Anlauf.

Das junge Ehepaar Sören und Lottelore Schmacht schildert ihre ersten Eindrücke: »Wir wussten sofort, dass hier was passieren muss.« Dieser Spruch gilt häufig als Wurzel der Kreativität, geht aber nur selten über diese sehr ungenaue Vorstellung hinaus. Die beiden Soziomikroökotrophobiologen stellten sich drei Fragen: Was können wir? Was haben wir? Was verdienen wir damit? Die Schnittmenge zwischen den Antworten war überraschend. In allen drei Fällen lautete sie »nichts«. Also stürzten sie sich mutig ins wirtschaftliche Abenteuer und konzentrieren sich seither auf einen Nahrungsmittelzweig, der bislang völlig vernachlässigt wurde: Moos. Auf 7,8 Hektar Hallenfläche bauen sie Weißmoos an, eine der häufigsten Sorten Mitteleuropas. Bei 15 bis 20 Grad Hallentemperatur und hoher Feuchtigkeit war die erste Ernte bereits überwältigend.

»Wir wissen nur noch nicht, was daraus gemacht werden soll.« Zunächst schwebte ihnen eine Nutzung im Ernährungsbereich vor. Moos, so stellten sie fest, lässt sich mühelos in den Speiseplan integrieren – es schmeckt zu allem gleich schlecht. Sie priesen ihr Produkt in der Lebensmittelindustrie an, als Moosgemüse, Moospizza oder Moosbrotaufstrich. Aber auch Moostrunk und Mooseis lassen sich bislang ebenso wenig populär machen wie Moosjoghurt, Moosmarmelade oder sauer eingelegtes Moos. Ein Problem ist sicher, dass auf allem sowieso irgendwann Moos wächst, wenn man genug Geduld hat. Kleidung aus Moos muss stets feucht gehalten werden, und getrocknetes Moos kann zwar ein famoser Tabakersatz sein, eignet sich aber nur zum Einsatz bei der Rauchentwöhnung.

Momentan sitzen Sören und Lottelore Schmacht auf 2.400 Kubikmetern Moos und feilen an der Vermarktung. Sie verlieren dabei nicht den Mut. Bei der Landschaftsgestaltung von Modelleisenbahnen wird immer Moos gebraucht, und beim Bau von Weihnachtskrippen ist es auch unersetzlich. Vielleicht kann es ihnen auch gelingen, mit ihrem Bio-Produkt die Kunsthaarperücke vom Markt zu verdrängen.

In der ehemaligen Maultrommelfabrik reift ein großer, grüner Plan heran. Wenn man Stroh zu Gold spinnen kann, kann man sicher auch Moos versilbern!

Bretter, die kein Geld bedeuten

Die Theatergruppe des Klosters Filzkragen

Selten klaffte eine derart große Lücke zwischen Anspruch und Realität wie bei den Aufführungen der Theatergruppe Mummenschwanz des Klosters Filzkragen im romantischen Nimstal. Mit abenteuerlichen Inszenierungen lockt man hauptsächlich ein Publikum an, das weder in erster noch in zweiter, dritter oder auch vierter Linie wegen des künstlerischen Gehalts der Darbietung angereist ist. Doch um das Konzept der Spielschar zu begreifen, muss man einen Blick in die Vergangenheit werfen:

Schon in früheren Jahren wurde einmal im Jahr im Refektorium des Benediktinerordens Theater gespielt. Allerdings beschränkte sich die Auswahl der Stücke in den Anfangsjahren auf unverfängliche Themen, in denen keine weiblichen Rollen zu besetzen waren: *»Warten auf Godot«*, *»Die zwölf Geschworenen«* oder *»Ali Baba und die vierzig Räuber«*.

Die Auswahl an solchen Stücken ist allerdings eingeschränkt, und im Folgenden wurden auch Frauen- in Männerrollen umgeschrieben. Es entstanden Neufassungen bekannter Stoffe wie zum Beispiel *»Romeo und Julius«*, *»Manni von Barnhelm«* oder *»Die lustigen Buben von Windsor«*.

Und schließlich besetzte man dann auch munter Frauenrollen mit männlichem Personal. Die Mönche entdeckten ihr großes Vergnügen am Tragen von Damenkleidern. Nun standen ihnen völlig neue Stoffe zur Verfügung.

Man versucht sich seither auch an erfolgreichen Kinofilmen, die man auf die Bühne brachte. Die erste Produktion, die dieser neuen Epoche zuzuordnen ist, war *»Pretty Woman«*. Vom großen Erfolg beflügelt, wagte man sich als Nächstes an *»Basic Instinct«*. Wegen inszenatorischer Schwierigkeiten wurde diese Produktion allerdings auf Eis gelegt. Dann folgte schließlich *»Moulin Rouge«*. Die Zahl der ausverkauften Aufführungen stieg sprunghaft von zwei auf drei an. Und unversehens spülte der Erfolg auch fast zweihundertfünfzig Euro in den Klingelbeutel, sodass die Brüder sich endlich den lang ersehnten Wäschetrockner leisten konnten.

Mit der üppig ausgestatteten Adaption des Hollywood-Schinkens *»Jurassic Park«* führte man einige Jahre später eine völlig neue Erzählstruktur bei den Stücken ein. Seither denkt man bei der Auswahl der Stoffe groß, und sowohl Bühnenbild als auch Requisiten suchen in der Eifel ihresgleichen. Die frommen Brüder basteln jeweils ein ganzes Jahr lang emsig aus Eierkartons, Lenorflaschen und Klopapierrollen die aufwendigsten Kulissenelemente.

Bruder Anselm und Bruder Heino in *»Wer hat Angst vor Virginia Woolf?«*

Bruder Osram in *»Gandhi«* (links); Bruder Athanasius in *»Der Besuch der alten Dame«* (rechts)

Bruder Grammophon und Bruder Erlfried in der Bühnenfassung von *»Titanic«*

Melisolde oder Agnutius?

Die tausendjährige Eiche von Bad Beulen

Selten sind die Bäume, die man mit dem Prädikat »tausendjährig« bedenkt, auch tatsächlich tausend Jahre alt. Auch bei der Eiche in Bad Beulen an der Rinne in der westlichen Ahreifel war man sich nie ganz sicher. Zwei Theorien zur Herkunft des Baumes konkurrieren miteinander. Beide hatten gleich viele Anhänger, was zu großem Zank und Zwist führte.

Der einen Theorie zufolge ist die Eiche dem Kaufmann Rabanus Klotz zuzuordnen, der im Jahre 884 von einer langen Reise in seine Heimat zurückkehrte. Er brachte edles Tuch, wohlduftendes Räucherwerk und kostbares Geschmeide mit. Ein paar besonders schöne Stücke davon hatte er für seine Söhne Hirsegurd und Blasebold und für seine Gattin Friedelinde beiseitegelegt. Da fiel ihm kurz vor der Ankunft in seiner Heimat ein, dass er ja noch die lästige Tochter Melisolde hatte, und er pflückte ihr im Vorbeireiten rasch eine Eichel von einem Baum. Die leicht beschränkte Melisolde freute sich wie verrückt über die Eichel, steckte sie in die Erde, und im Jahr darauf schon spross ein Bäumchen. Der Baum war schon bald ihr einziger Freund. Sie spielte mit ihm »Vater, Mutter, Kind« und „Hüpfekästchen« und ließ sich später sogar heimlich von einer Hexe mit ihm verheiraten.

Die zweite Theorie besagt, dass der Baum deutlich jünger ist: Alfhelm, Adelkurt und Agnutius waren drei Brüder, die alle um die holländische Fürstin Gouda buhlten, die im Jahr 1098 die Burg Beulen erwarb. Gouda gab jedem eine Eichel und befahl ihnen, sie zu pflanzen. Derjenige, dessen Eichel besonders schnell in die Höhe schoss, bekäme ihre Hand. Die Eicheln aber kamen gleich langsam aus dem Boden. Alfhelm fiel bald darauf betrunken vom Pferd und starb. Adelkurt wurde von einem Stier aufgespießt und verschied ebenfalls. Agnutius zertrat frohgemut die Bäumchen seiner Brüder, aber Gouda hatte inzwischen ihren Vetter Edam aus Holland geehelicht.

So kursieren also zwei Namen für den uralten Baum, der einen Umfang von 10,85 Metern hatte: »Melisolden-Eiche« oder »Agnutius-Eiche«. Die beiden Lager waren bis aufs Blut verfeindet. Als der Baum 1954 als Naturdenkmal eingetragen werden sollte, eskalierte der Streit. Bürgermeister Jobst Pannenbecker traf eine salomonische Entscheidung: Er ließ den Baum absägen, sodass man anhand der Jahresringe exakt feststellen konnte, aus welchem Jahr der Baum wirklich stammt. Zur Überraschung aller offenbarte sich das Jahr 954 als Ursprungsjahr. Keine von beiden Theorien wurde bestätigt – die tausendjährige Eiche war exakt tausend Jahre alt!

Melisolde erntet im Morgenrot Früchte des Eichbaums von ihrem Freund, dem Baum. (links); Alfhelm, Adelkurt und Agnutius überschütten die holde Gouda mit Pralinen, Fruchtgummis und Schokolinsen. (rechts)

1954 sollte die Eiche als Naturdenkmal eingetragen werden. Das konnte man sich dann schließlich sparen.

Wenn's vorne zwickt und hinten reißt

Die Eifelapotheke in Duffeshausen

Die Eifelapotheke Mathias G. Bienentritt und Söhne wurde 1892 von Mathias G. Bienentritt und seinen Söhnen gegründet. Im Zentrum des Ortes Duffeshausen bei Waxweiler in der Westeifel findet man das alte Geschäft, an dem die Zeit scheinbar spurlos vorübergezogen ist. Das Firmenschild ist alt, und die Pappdisplays im Schaufenster haben im Laufe der letzten Jahrzehnte eine farbliche Reise von grellbunt nach monochrom bis hin zu völlig farblos gemacht.

Im Inneren ist die Apotheke auf dem allerneuesten Stand der 20er-Jahre des vorigen Jahrhunderts. Hier rennt man keinen Modetrends in der Arzneimittelindustrie hinterher, hier spielen Allergien, Mangelerscheinungen und neu entdeckte Seuchen keine Rolle. Was hier verabreicht wird, ist gut und heilsam für Mensch, Vieh und Grund und Boden gleichermaßen. Im Grunde genommen basiert die komplette pharmazeutische Versorgung auf einem einzigen Mittel, das in verschiedenen Darreichungsformen angeboten wird: »Bienentritt's Universal-Elixier«.

Auf den frühen Flaschen pries man die Heilwirkung des Tonikums mit verheißungsvollen Worten an: »Bienentritt's Universal Elixier hilft heilend und vorbeugend bei allen Gebrechen, bei Unpässlichkeit und Erschöpfungszuständen.« Die Liste der Inhaltsstoffe beschränkt sich auf den Hinweis »Lauter gesunde Ingredienzien«. Das Universal-Elixier ist erhältlich als Saft, Konzentrat, Pulver oder in Pillenform. Man kann es sich injizieren, kann es schnupfen oder sich damit einreiben. Die Wirkung ist stets dieselbe.

Heute führt Markus G. Bienentritt die Apotheke in vierter Generation. Seine Kundschaft kommt teilweise von weither und besteht auch heute noch aus Landwirten, deren Kühe an akuter Euterverhärtung leiden, Müttern, die das Schielen ihrer Sprösslinge heilen wollen, und Gärtnern, die einen Ersatz für ihr geliebtes Glyphosat suchen. Bei ihnen allen kommt großzügig »Bienentritt's Universal-Elixier« zum Einsatz. Es heilt Haarausfall und Zahnschmerz, Hämorrhoiden und Impotenz, es verhilft in der Viehzucht zu Schweinen mit sechs Schinken, und man kann damit hervorragend Abflüsse und Schildkrötenpanzer reinigen.

Auch ohne das Ortsschild gesehen zu haben, merken Sie es, wenn Sie in Duffeshausen angekommen sind. Die Menschen begrüßen Sie freundlich, aber humpelnd, zahnlos und barhäuptig. Jeder Zweite trägt eine Blindenbinde.

Die Apotheker-Dynastie Bienentritt ist für ein Wunderelixier bekannt, das ursprünglich als Raketentreibstoff Verwendung finden sollte. Angeblich können damit sogar abgetrennte Zeigefinger wieder nachwachsen.

Friedhof der Schunkeltiere

Die Karnevalistengräber von Schlingelbach

Wenn mit großem Tschingderassabumm der Narhalla-Marsch über die Gräber fegt, ist wieder einmal einer von ihnen gegangen: Die »KG Löstije Klütschköpp Schlingelbach« hat in der Vulkaneifel ihren eigenen Friedhof. Mit schunkelnden Bewegungen wird hier der Sarg von den Funkengardisten in ihren blau-gelben Uniformen in die Erde gewiegt, der Verblichene kommt nun, nachdem er drei Tage luftschlangenumkränzt und konfettiberieselt aufgebahrt war, endgültig »in de Bütt«. Zuvor ruft der Sitzungspräsident aufgekratzt: »Solle mer'n neilasse?«

Wenn in Schlingelbach wieder mal ein echtes Karnevalistenbegräbnis ansteht, sollte man sich tunlichst fernhalten. Die Schnäpschen kreisen munter, die Bützchen werden schmatzend verteilt, und der Lippenherpes am nächsten Tag ist so unausweichlich wie der Fußpilz nach dem Hallenbad. Das will man wirklich nicht.

Heute ist es Karlheinz Paffendorf, der unter die Erde kommt. Der Schlossermeister war Ehrensenator der Gesellschaft und ist im stolzen Alter von hundertvier Jahren am Gewicht seiner vielen Karnevalsorden gestorben, die ihm das Genick gebrochen haben.

Der Präsident lässt in launigen Worten noch einmal das Leben des Vollblutkarnevalisten Revue passieren. Nach jedem Satz spielt die Kapelle einen blechern donnernden Tusch. Danach präsentiert die Funkengarde ihren Traditionstanz und den beeindruckenden Funkemariechen-Weitwurf ohne Netz und doppelten Boden.

Hinterher bewegen sich alle Trauergäste in einer Polonäse am Grab vorbei, und jeder wirft zu einem lauten »Alaaf« noch eine Handvoll Kamellen in die Grube.

Schließlich wird noch lautstark das Motto für die nächste Bestattung bekanntgegeben: »Im Sarg im Dunkeln ist gut schunkeln!« Und dann ist der Spuk auch schon vorbei.

Es sei denn, man ist noch zum Beerdigungskaffee in den Dorfsaal eingeladen. Da gibt es dann noch Musik und Tanz zu den Klängen der beliebten Karnevalsband »De Schwachköpp«.

Es wird gesungen, geschunkelt und gesoffen, und gegen vier Uhr morgens erbrechen sich alle an der Friedhofsmauer.

Man sagt, in Vollmondnächten erklingt aus Jupp Zupps Grab leiser Gesang: *»Es war einmal ein toter Husar …«*

Sitzungspräsident Friedhelm Käues lässt zum Klatschmarsch den Sarg durch die karnevalistisch dekorierte Leichenhalle tragen.

Ganz schön schräge Sache

Der nullte Diagonalgrad in Krätzerath

Der Geograf Franz-Egon Wamsbeutel (1874–1943) war von Kindheit an allergisch gegen rechte Winkel. Eine seltene Erkrankung, die mit vielfarbigem Ausschlag, Fieber und Erbrechen einhergeht. Der kleine Franz-Egon wuchs als Einzelkind im Dorf Krätzerath in der Voreifel auf. Er litt in der Schule, weil Bücher und Schiefertafel, Atlas und Lineal kantig waren. Überall lauerten Neunzig-Grad-Winkel. Es dauerte lange, bis seine Eltern eine Befreiung vom Geometrieunterricht durchsetzen konnten.

Im Hause der Wamsbeutels bemühte man sich, es dem kranken Buben bequem zu machen. Der Vater löste sein Architekturbüro auf, und die Mutter ließ vom Dorfschmied die Kuchenbleche umarbeiten.

Wamsbeutel konzentrierte sich auf seinem Werdegang auf die Natur und ihre ganz und gar ungeometrischen Formen. Der runde Globus mit seinen formlosen Kontinenten und seinen eigenwillig geformten Ländergrenzen war nach seinem Geschmack. Er studierte in Marburg Geografie. Nach und nach nahm eine fixe Idee Besitz von ihm. Sosehr er Globanden liebte, so arg litt er doch unter dem Gitternetz aus Längen- und Breitengraden, das mehr rechte Winkel darstellte, als gut für ihn waren. Und so kam ihm der Gedanke, er müsse eine Alternative zu dem althergebrachten Modell etablieren: den Diagonalgrad, der – unter Vernachlässigung der beiden Pole – ebenso dazu geeignet sei, Mutter Erde Maß und Struktur zu verleihen. Mit den so entstehenden Spitz- und Stumpfwinkeln glaubte Wamsbeutel das Ei des Kolumbus gefunden zu haben.

Doch bei den Vorträgen, die er fortan landauf und landab hielt, kam es zu tumultartigen Szenen. Anfangs tröstete er sich damit, dass die Welt noch nicht reif für seine revolutionären Erkenntnisse sei, aber im Laufe der Jahre wuchs der Widerstand, statt zu schwinden. Die Wissenschaftliche Gesellschaft in Frankfurt erklärte ihn schließlich zum Scharlatan, die Technische Hochschule in Braunschweig, an der er einen Lehrstuhl bekleidete, entließ ihn in Ungnade, und so kehrte Franz-Egon Wamsbeutel nach Krätzerath in der Eifel zurück und ließ auf dem Dorfplatz eine Eisenbahnschiene in das Pflaster einarbeiten, die exakt den nullten Diagonalgrad markiert.

Bei einem Luftangriff im Sommer des Jahres 1943 weigerte er sich, den für seine Begriffe viel zu eckigen Luftschutzkeller aufzusuchen. Er starb durch eine britische Fliegerbombe, die sein Haus dem Erdboden gleichmachte. Der Fallwinkel der Bombe betrug exakt neunzig Grad.

Der Mensch ist skrupellos und zu allem fähig. Voller Abscheu blickt Wamsbeutel auf das rechtwinklige Gitternetz des Globus. (Gemälde: Tatjana de Lehmpickel)

Der Bauer regelt das

Die Hütte des Bauernregeln-Lyrikers Ernst-Moritz Nesselfilz

Die vier Feinde des Landwirts waren bekanntlich schon immer Frühling, Sommer, Herbst und Winter. Traditionell waren die vier Jahreszeiten für sämtliche Unbilden verantwortlich, die Vieh, Ernte und den dicken Benz gefährden. Bauernregeln sorgten dafür, dass man vorab stets auf das Schlimmste vorbereitet war. Doch die Dinge haben sich geändert. Nicht zuletzt die Klimakrise hat alles auf den Kopf gestellt, die Grenzen der Jahreszeiten verschwimmen, und die alten Weisheiten haben heute fast noch weniger Wahrheitsgehalt als die tägliche Wettervorhersage in der Tagesschau.

Der Gelegenheitsdichter Ernst-Moritz Nesselfilz hat den Bedarf an neuen Bauernregeln für sich entdeckt und reimt nun schon seit gut zwei Jahrzehnten ausschließlich zu den Themen Landwirtschaft, dörfliches Leben und Naturheilkraft:

Kaffeesatz und frischer Torf
vertreiben Krätze, Grind und Schorf.

Er dichtet in einer komfortablen Holzhütte auf dem Feld zwischen Wilzemal und Wilzenich, allerdings nur wenn es gerade nicht regnet oder schneit, wenn die Temperatur die Zwanziggradmarke nicht überschreitet, nicht während der Erntezeit und nur in Ausnahmefällen an Feiertagen. Er dichtet nie bei Neu- oder Vollmond, selten bei zunehmendem und nur äußerst ungern bei abnehmendem Mond. Seine Ausbildung absolvierte er am Heinz-Erhard-Kolleg in Hamburg, an der renommierten Fernuni Linsengericht und mithilfe des »Handbuchs für angewandte Gebrauchslyrik von Heiner Seiner-Einer«. Ernst-Moritz Nesselfilz liefert mit seinen Zweizeilern Erkenntnisse von zugleich verblüffender Klarheit als auch erschütternder Kenntnis der Zusammenhänge zwischen Mensch und Natur:

Ist die Zunge weiß belegt,
sich die Saat im Boden regt.

Auch der Jahresverlauf wird von ihm mit hintersinniger Dichtkunst dokumentiert, die der Landbevölkerung endlich wieder das lang vermisste stabile Gerüst beschert, an dem man sich orientieren kann.

In seiner Fünf-Zimmer-Hütte dichtet Nesselfilz wie ein Besessener.

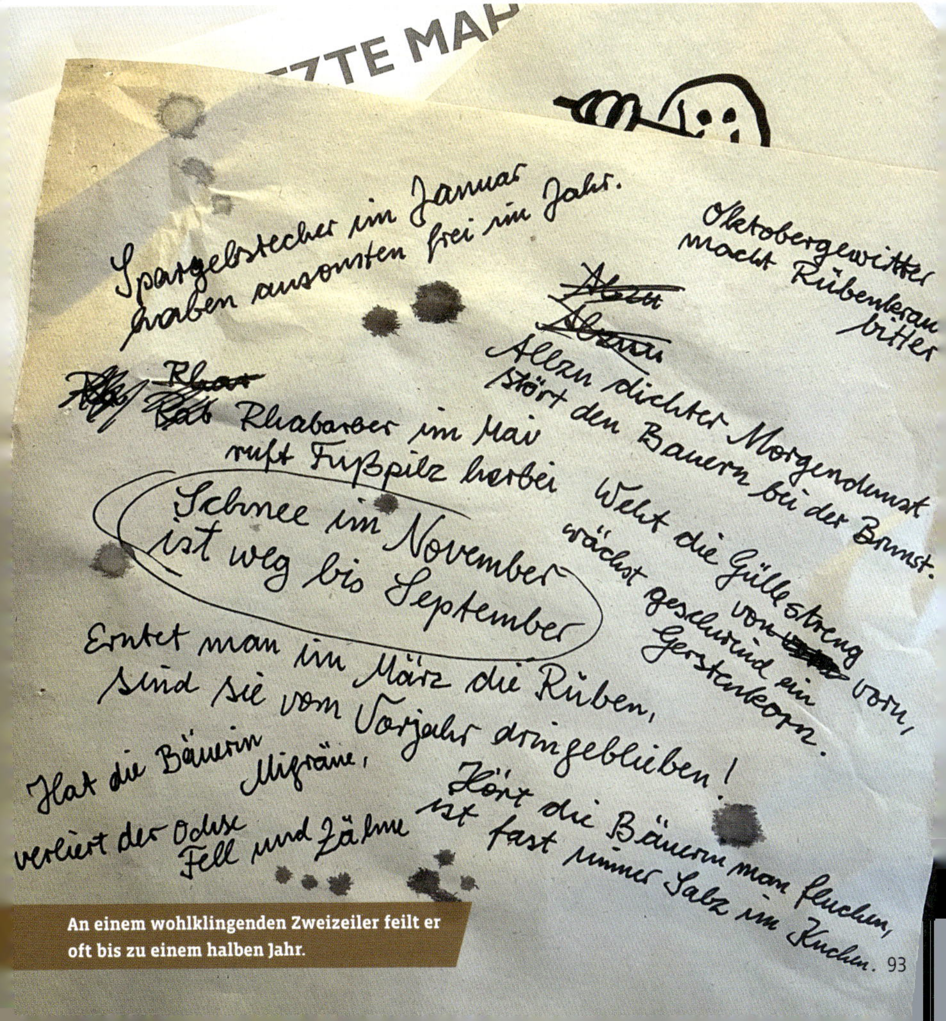

An einem wohlklingenden Zweizeiler feilt er oft bis zu einem halben Jahr.

Haarige Sache

Die alljährliche Wahl der Miss Damenbart

Zupfen, epilieren, lasern – das ist unerlässlich, wenn auf der Oberlippe unerwünscht sprießender Flaum dem gängigen Schönheitsideal einen Strich durch die Rechnung zu machen droht. Nicht so im Dörfchen Zottelbrück an der Zwirbel in der Osteifel. Hier ist der gepflegte Damenbart der letzte Schrei, hier heißt es: »Wachsenlassen statt Wachs!«

Als im Jahre 1935 mit Barbara Schnurr die erste weibliche Bürgermeisterin der Eifel ihr Amt in Zottelbrück antrat, wurde hier der Damenbart salonfähig, denn auf ihre Initiative hin wurde noch im selben Jahr zum ersten Mal der Wettbewerb zur »Miss Damenbart« ausgerufen. Siebzehn Frauen in verschiedenen Altersklassen traten an und präsentierten ihre Oberlippenbehaarung. Sie stellten sich dem Urteil einer Jury aus zwei Landfrauen, der Metzgerswitwe und dem Pastor. Die erste Preisträgerin war die 37-jährige Roswitha Schweif aus Wittlich, die auf Hühnermist als traditionelles Eifeler Haarwuchsmittel schwor.

Nur durch die Kriegsjahre und die Corona-Pandemie unterbrochen findet dieser Wettbewerb alljährlich am 27. Januar, dem Geburtstag Kaiser Wilhelms II., statt und freut sich stetig wachsender Beliebtheit. Mittlerweile sind es bis zu vierzig Teilnehmerinnen, die unter großem Medieninteresse in den Disziplinen »Stalin«, »Magnum« und »Fürst Bismarck« gegeneinander antreten.

Drei Tage vor dem Wettbewerb wird in Zottelbrück shampooniert, gestriegelt und geföhnt, und man macht sich Strähnchen. Am Festtag selber folgt man seit Beginn dem stets gleichen Zeremoniell: am Morgen ein Festgottesdienst in der Kirche St. Bartholomäus, danach das Schaulaufen und die anschließende Wertung in der Frida-Kahlo-Halle und am späten Nachmittag das Singen der Hymne »Beim Barte der Prophetin« auf dem Dorfplatz.

Das Regelwerk ist streng. Extensions sind ebenso untersagt wie Kunsthaarimplantate. 1968 wurde Haarmine Schnäuzer disqualifiziert, weil ihr ein Wettbewerbsverstoß mit untergebürstetem Nasenhaar nachgewiesen wurde, und 1991 versuchte Beate Borstenberg-Brenneisen juristisch eine Teilnahme nur mit Koteletten durchzusetzen, was ihr indes nicht gelang. In jüngster Zeit gibt es allerdings auch zunehmend lauter werdende Kritik, weil im Zuge der Gleichberechtigung auch Männer eine Teilnahme am Damenbart-Wettbewerb einfordern.

Barbara Schnurr, geb. Schnäuz war die erste weibliche Bürgermeisterin der Eifel. (Gemälde: Franz von Wolle)

Roswitha Schweif, die stolze erste Siegerin

Die Siegerin des Jahres 2022: Felicity Flaum

Hart an der Grenze

Der Grenzübergang bei Güllerath

Die europäischen Grenzkontrollen sind seit dem Schengener Abkommen Geschichte, die Schlagbäume sind abmontiert, Europa ist inzwischen grenzenlos. Ganz Europa? Ein von unbeugsamen Eifelern bewohntes Dörfchen am Nordrand der Vulkaneifel weigert sich standhaft, die neu gewonnene Reisefreiheit einfach so hinzunehmen. Die Eifel war immer Grenzgebiet, und so soll es nach dem Wunsch der Bewohner Gülleraths auch bleiben. Doch sie interessieren sich nicht für die Abgrenzung zu den Nachbarländern Niederlande, Belgien oder Luxemburg, sie verteidigen verbissen die Landesgrenze zwischen Rheinland-Pfalz und Nordrhein-Westfalen.

Vor einigen Jahren verlegten sie kurzerhand in Eigenarbeit die ortsnahe Landesstraße mitten durch den Ort, genauer gesagt durch den Eingangsbereich des Firmengeländes der Siedemann AG, einer verlassenen Fabrikanlage, in der einst Wärmflaschen-Warmhaltegeräte produziert wurden. Den ehemaligen Einfahrtsbereich des Geländes samt Schranke nutzen sie seither als Grenzstation. Ein guter Grund, eine andere Strecke zu wählen und Güllerath zu meiden.

Ortsbürgermeister Ferdi Knüttel ist stolz auf das, was seine Leute ehrenamtlich auf die Beine stellen: »Wir schützen uns und die Eifel vor den Städtern aus Köln, Bonn und dem Ruhrpott. Sie bringen Drogen, schmutziges Geld und schlechte Manieren hierhin. Wer keinen Reisepass vorweisen kann, darf gleich wieder umdrehen. Es lohnt sich auch immer, deren Kofferräume zu filzen. Kaffee oder Zigaretten finden wir sowieso und oft auch Schwarzgeld, das sie nach Luxemburg bringen wollen. Das bleibt schon mal gleich hier.« Auch LKWs, die die unweit verlaufende Mautstrecke umgehen wollen, werden gefilzt. In ganz Güllerath gibt es ganzjährig exotisches Obst in rauen Mengen, und jeder Haushalt kriegt mindestens einmal im Jahr einen neuen Fernseher.

Die ehemaligen Werkshallen haben die Güllerather vorausschauend zu Arrestzellen umfunktioniert.

»Für die Schmuggler, die sich wehren wollen«, erklärt der Bürgermeister. »Die Holländer glauben uns ja sowieso, aber die aus NRW denken manchmal, das wäre alles nur ein Scherz, und wollen weiterfahren, aber wenn sie erst mal eine Nacht bei Wasser und Brot in unserem Kittchen verbracht haben, begreifen sie schnell, wie ernst uns das ist.«

Die Grenzer von Güllerath sind zwar allesamt ehrenamtlich tätig, aber die konfiszierte Ware wird stets gerecht aufgeteilt. »Wenn am Nürburgring wieder was los ist, kassieren wir hier richtig ab«, schwärmt der Bürgermeister. »Davon finanzieren wir unsere neue Selbstschussanlage.«

Himmlische Ruhe und tödliches Schweigen

Das Ortrud-Überbein-Klinikum im Rachenwald

Mit unbeweglicher Miene lässt Ortrud Überbein ihren strengen Blick über die Rasenfläche des Krankenhausgartens schweifen. Man hat zu ihrem Andenken eine Statue im Park errichten lassen, die so ehern ist wie einst der Wille der berühmten Eifel-Ärztin. »Von Mitgefühl ist noch keiner gesund geworden«, war ihr Leitspruch.

Die Bauerntochter aus Adenau verdiente sich erste Meriten während des Kriegs im Feldlazarett. Erst vierzehnjährig, beeindruckte sie durch ihre Unerschrockenheit und ihr kraftvolles Zupacken. Betäubungen führte sie ausnahmslos physisch herbei, und Amputationen gingen ihr mit üblichen Haushaltswerkzeugen flott von der Hand. Keinerlei medizinische Ausbildung stand ihr dabei im Weg, sie verließ sich auf das, was sie auf dem Hof ihrer Eltern gelernt hatte.

Nach dem Krieg eröffnete sie im Rachenwald bei Gerolstein eine eigene Praxis. Ihre Tätigkeit bewegte sich dort in einem Graubereich zwischen Naturheilkunde, Kraftsport und Schlachterhandwerk. Bei der Landbevölkerung war sie überaus beliebt, weil sich durch eine Behandlung bei ihr manche Familienstreitigkeiten rasch in Luft auflösten. Erbschaftsangelegenheiten erlebten durch ihr Zutun häufig unerwartete Wendungen.

Das Ortrud-Überbein-Klinikum entstand 1961 in einem schwer zugänglichen Waldstück unweit ihrer ursprünglichen Praxis. Säge, Hammer, Maurerkelle und Bolzenschneider wurden nach der Fertigstellung in den Instrumentenschrank des OP einsortiert. Auch übrig gebliebener Gips, Zement und Baustahlmatten fanden im Folgenden bei chirurgischen Eingriffen Verwendung. Der Bau entstand hauptsächlich aus Mitteln, die großzügige Spender mit unleserlichen Handschriften am Krankenbett niederfassten.

»Die wichtigste Zutat für eine erfolgreiche Behandlung ist Ruhe«, erklärte Ortrud Überbein die ungewöhnliche Standortwahl. »Ruhe für die Umgegend. Hier im Wald stört sich niemand an den Geräuschen unserer dieselbetriebenen Geräte und an den Schreien der Patienten.«

Medikationen aus dem Landhandel gelangen in der Klinik ebenso zum Einsatz wie die im eigenen Labor hergestellten Medikamente aus heimischen Kräutern, Pilzen und enormen Mengen von Alkohol. Medizinisches Gerät findet sich bei Haushaltsauflösungen und auf Sperrmüll-Suchfahrten und wird somit nach geringfügigen Umbauten in einen nachhaltigen Recycling-Prozess eingegliedert. Ebenso wie manches frisch entnommene Organ.

Güte, Nachsicht und Einfühlungsvermögen waren ihr fremd: Ortrud Überbein

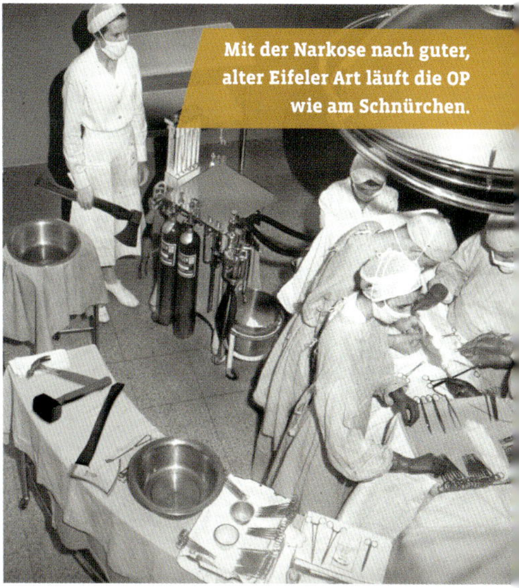

Mit der Narkose nach guter, alter Eifeler Art läuft die OP wie am Schnürchen.

Wer die Klinik im Wald erst einmal gefunden hat, kann sich wahrlich unglücklich schätzen. Über den Rückweg muss er sich in den meisten Fällen keine Gedanken mehr machen.

So flach wie die Palette

Der meistgemalte Ort der Eifel

Nicht weil der Anblick so pittoresk und inspirierend ist, sondern weil hier auch Malanfängern keinerlei Fehler unterlaufen können, ist die »platte Pampe«, wie die überaus langweilige Ebene in der Nähe von Münstermaifeld im Volksmund genannt wird, der wohl unbestreitbar meistgemalte Ort der Eifel. Hier locken nicht Licht und Schatten, hier birgt keine Fluchtpunktperspektive künstlerische Tücken, kein Farbenspiel der Natur lädt zu Interpretation und Neuschöpfung ein. Eine Wiese, eine flache Hügelkette, Himmel, fertig.

Wo andernorts Kalkbrüche ein spannendes Kapitel der Erdgeschichte erzählen, zeugt hier nur eine riesige, völlig erhebungslose Fläche von urzeitlicher Gestaltungskraft. Wo sich sonst bizarre Gebirge aufgefaltet oder wo fließende Gewässer das Land zerfurcht haben, liegt hier vom frühen Präkambrium bis zum späten Quartär bräsig und gänzlich unverändert nichts als flaches Land vor. Den Eifelern des Mittelalters galt die Fläche noch als Beweis für den Erdscheiben-Glauben. UFO-Forscher Erich von Däniken äußerte in den 1970er-Jahren den Verdacht, dass sich hier möglicherweise ein Tennisplatz der Außerirdischen befunden haben könnte.

Dieser Flecken lockt seit jeher Künstlerinnen und Künstler aus der nahen und fernen Umgebung an. Kindergartengruppen machen mit Wachsmalstift ihre ersten Landschaftswachsmalerfahrungen, Kunststudenten üben hier am lebenden Objekt, bevor sie sich an nackte Rubenskörper heranwagen.

Über zahllosen Eifeler Wohnzimmersofas prangt die »platte Pampe« im Barockrahmen, hinter Glas oder als großflächige Laubsägearbeit. Hobbykünstler stellten sie in Öl, Kohle oder Aquarell dar.

Fritz von Wille (1860–1941), der wohl berühmteste Landschaftsmaler der Eifel, lobte die »platte Pampe« als »famos flunderartig und so flach wie meine Malpalette« und machte hier immer wieder gerne Pause von seinen ewiggleichen Darstellungen von Burgen, Felsen und Ginsterbüschen. Auch die ganz Großen ihrer Zunft bereisten die Eifel, um dieses wohl langweiligste aller Motive künstlerisch einzufangen: Pablo Picasso skizzierte die »platte Pampe« ebenso begeistert wie Joan Miró, Andy Warhol verewigte sie in einer ganzen Reihe von Serigrafien. Der Plan des Aktionskünstlers Joseph Beuys, die Ebene in ihrer Gänze mit Butterschmalz zu bestreichen, scheiterte sowohl am Umweltschutz als auch an seinem Ableben.

»Die platte Pampe«
(Albrecht Dürer, 1512)

»Die platte Pampe«
(Piet Mondrian, 1933)

»Die platte Pampe«
(Yves Klein, 1958)

»Die platte Pampe«
(Caspar David Friedrich, 1821)

Ein Meer aus Blüten

Die grünen Daumen von Dürselbach

Margarethe Dürselbach war Gärtnerin mit Leib und Seele. Ende des 19. Jahrhunderts züchtete die einzige Tochter des Kommerzienrats Eitelfritz Dürselbach und seiner Gattin Waltrudis im Park des Familiensitzes Haus Dürselbach unzählbare Sorten von Blüh- und Nutzpflanzen, sammelte auf ihren zahlreichen Reisen in ferne Länder Samen und kultivierte daheim dann Gewächse, die oft nur schwer mit dem rauen Eifeler Klima zurechtkamen. Sie machte die Babylonische Zwitterquitte und den gefiederten Stinknabel heimisch und importierte mit dem Roten Rüsselkraut eine der invasivsten Arten, die sich seither selbstständig verbreitet und nach und nach zur Verdrängung der heimischen Flora führt. Ein botanischer Erfolg, auf den sie zeitlebens sehr stolz war.

Kurz bevor sie im Jahr 1934 kinderlos starb, überschrieb sie das Haus und die Ländereien an das Dorf Dürselbach. Einzige Auflage war, dass die Dorfbewohner fortan für Blumenschmuck im ganzen Ort sorgen.

Die Dürselbacher folgen dieser Verfügung mit unterschiedlich ausgeprägtem Engagement. Die meisten bepflanzen Garten, Haus und Hof, einige Enthusiasten sogar ihre Briefkästen, Regenrinnen und Autos. Bei der Bepflanzung öffentlicher Flächen wie Dorfplatz, Bushaltestelle oder Verkehrsinseln ging man in den letzten Jahren dazu über, vermehrungsfreudige, pflegeleichte Pflanzen wie *Urtica* (Brennnessel), *Onopordum* (Eselsdistel) und *Aegopodium* (Giersch) einzusetzen.

Nur wenige Dürselbacher hingegen versuchen, aus dieser allgemeinen Blütenbegeisterung auszuscheren, teils wegen Blütenpollenallergien, teils aus schnöder Faulheit. Einige haben sich juristisch verbriefen lassen, dass sie mit der floralen Mustertapete und geblümtem Porzellan ihr Soll erfüllt haben. Der Frührentner Adalbert Knüttel prozessiert seit fast zwei Jahrzehnten, weil er glaubt, mit wöchentlichem Blümchensex und dem Hören von *Benjamin-Blümchen*-Kassetten sei es bei ihm getan. Achim und Irmi Kleifisch bestehen darauf, dass es reicht, dass sie sich allwöchentlich gegenseitig ein Veilchen hauen.

Guntram Wurscht betreibt mit sehr viel Fleiß in der ehemaligen Wagenwaschhalle eines Busunternehmens eine Blütendruckmaschine, was er aber nur ungern an die große Glocke hängen möchte.

Sie war ein Blumenkind: Margarethe Dürselbach. Ihre Haut war weiß wie Zierlauch, die Zähne gelb wie Schafgarbe, die Augen blau wie Borretsch, und ständig umgab sie ein kräftiger Duft von wucherndem Nieswurz.

Es gibt nichts, was die Dürselbacher nicht mit Blumen schmücken. Auch die Mülleimer, die öffentlichen Toiletten und Einkaufswagen sind bepflanzt.

Üppiger Blumenschmuck ist im ganzen Dorf verteilt.

Wo Geschichte auf Asbest trifft

Burg Gallenstein, die besterhaltene Burg der Eifel

Hoch über dem Kylltal thront die Burg Gallenstein. In all ihrer mittelalterlichen Pracht zu sehen ist sie erst seit einem verheerenden Unwetter im Jahr 2016. Das Sturmtief Uli mähte den gesamten Fichtenbestand nieder und legte somit den Blick auf eine Burg frei, die sich in einem bemerkenswerten Erhaltungszustand befindet.

Paulheinz Dralle, ein Unternehmensberater von den Cayman Islands, erwarb die Burg im Jahr 1984 von Ludger Fürst zu Gallenstein, dem letzten seines Geschlechts. Seither habe er »nur hier und da etwas beigespachtelt und ein paar neue Stromkabel verlegt«, beteuert er. Die Burg sei insgesamt von bemerkenswerter Massivität und über die Jahrhunderte beispielhaft in Schuss gehalten worden.

Von Weitem bereits offenbart sich der experimentierfreudige Elan, mit dem die Baumeister vor sechshundert Jahren zu Werke gegangen sein müssen. Der abenteuerliche Mix aus unterschiedlichsten Materialien wie Basalt- und Kalkgestein wechselt sich hier munter ab mit lebendigem Ziegelsteinmauerwerk und nüchternen Elementen aus Waschbeton. Das alles, so erfährt man, hat Fürst Raginald von Gallenstein dereinst genau so mauern lassen – revolutionär! Große Teile der Einfassung sind kunstvoll mit zeitlos attraktiven Eternitplatten verkleidet. Von historischen Asbestfasern, so erfahren wir, geht keinerlei gesundheitliche Gefährdung aus.

Beim Anblick der Dächer wird dem bauhistorisch interessierten Besucher ganz schwindlig vor Glück aufgrund der Vielfalt der Dachziegel, die hier Verwendung gefunden und offensichtlich vier Jahrhunderte lang völlig unbeschadet überstanden haben. Eine gewagte Komposition aus Tonpfannen, Schieferschindeln und auch Ziegeln aus Porenbeton, teilweise mit antikem Gaffer Tape zusammengehalten – so etwas hat keine der zahlreichen anderen Eifelburgen vorzuweisen.

Im Inneren schließlich kommt man aus dem Staunen nicht mehr heraus. Schon im 14. Jahrhundert setzte man hier im gesamten Innenausbau auf Leichtbauwände aus Rigips.

Wer hätte gedacht, dass schon unsere Vorfahren mit Vorliebe Kabelbinder benutzten, und der Inhaber des noch relativ jungen Dübel-Patents müsste sich eigentlich auch einige unangenehme Fragen stellen lassen, angesichts der Tatsache, dass hier die Spaxschrauben schon seit ein paar Hundert Jahren in Spreizdübeln stecken.

Fürst Ludger war ein Freund moderner Baustoffe.

Der Vier-Platten-Herd aus dem Rokoko muss ins Museum, aber der Burgherr hat bereits ein originales Renaissance-Ceranfeld in Aussicht.

Die Zusammenarbeit mit dem Denkmalschutz hat Paulheinz Dralle bis jetzt nicht angestrebt. »Das sind Bürokraten, die noch nie was von Biedermeier-Rollladenkästen gehört haben!«

Steter Tropfen

Das Tropfstein-Badezimmer der Familie Schorf

Das Wasser in Niedereumelbach ist sehr hart – es ist das härteste Wasser in der ganzen Eifel. Sein extrem hoher Kalkgehalt hat schon seit jeher die Bewohner dazu gebracht, Filteranlagen zu installieren.

Das vor sechs Jahren zugezogene Ehepaar Ludwig und Astrid Schorf mit seinen vier kleinen Kindern hält von diesen Dingen nichts. Ihnen ist es egal, dass es beim Teetrinken knirscht, dass das Babyfläschchen verstopft ist oder dass die Wäsche auf der Leine staubt. »Wir geben das Geld für sinnvollere Dinge aus. Pizzadienste, Lottoscheine und 24 Streaming-Accounts schütteln wir ja nicht mal gerade eben aus dem Ärmel«, erläutert Ludwig Schorf in einem Tonfall, in dem man einem Zweijährigen den Ablauf einer Kernspaltung darlegt.

Dank dieser Einstellung nahmen schon bald bei den Schorfs in allen Nassbereichen die Kalkflecken Formen an, über die man kaum noch hinwegsehen konnte. Im Badezimmer zeigten sich die Ablagerungen schon bald am intensivsten. Es bildeten sich Wölbungen an Armaturen, Decke und auf den Bodenfliesen. Vom Gebrauch kalkösender Reinigungsmittel halten die Schorfs nichts. »Die Zeit brauchen wir für wichtigere Dinge. Computerspiele, Pediküre und Mittagsschlaf erledigen sich schließlich nicht von alleine«, erklärt Astrid Schorf mit einem herablassenden Kopfschütteln.

Bald schon entstanden regelrechte Stalaktiten und Stalagmiten. Weißliche, glitzernde Kegel, die wuchsen und wuchsen und irgendwann überall von der Decke hingen oder vom Boden in die Höhe ragten. Die Schorfs störten sich nicht daran.

»Ein Badezimmer haben wir doch gar nicht nötig. Wir haben ja schließlich auch nicht umsonst unsere Dauerkarte für das Hallenbad in Jünkerath«, winkt der Vater lässig ab. Und seine Frau ergänzt mit einem verächtlichen Schnauben: »Und wozu zahlen wir denn wohl die ganzen Kita-Gebühren, wenn unsere Kinder sich da nicht wenigstens die Zähne putzen und täglich duschen können?«

Warum sie irgendwann ihren Sanitärbereich für interessierte Besucher öffneten, ist unklar. »Eines Tages kam uns die Superidee mit dem Tropfsteinbadezimmer«, erzählt Ludwig Schorf mit süffisantem Lächeln. »Das machen wir nur in zweiter Linie wegen des Geldes, aber die Kosten für so eine fette Entkalkungsanlage, die nehmen wir ja auch nicht mal so eben aus der Portokasse.«

Sollten Sie irgendwann einmal ein Werbeprospekt der Familie Schorf im Briefkasten finden, lohnt es sich, mehrmals darüber nachzudenken, ob Sie »Europas einziges Tropfsteinbadezimmer« auch wirklich besuchen sollten.

Der Kalk hat mittlerweile auch das Gäste-WC fest im Griff.

Ein Schlag in den Magen

Der Landgasthof »Zur sehr alten Post«

Das Traditionsgasthaus »Zur sehr alten Post« blickt auf hundertfünfzig Jahre bewegte Geschichte zurück. Wobei die letzten vierzig die bewegtesten waren. Ein französischer Sternekoch wandelte das Haus in den Achtzigern in die Feinschmeckerherberge »La Misère« um, in den Neunzigern kam die Neueröffnung als Steakhouse »El Miserablo«, 2017 wurde es zum Chinapalast »Chnik Chnak Chnouk«, und jüngst wurde das Haus von persischen Gastleuten aufwendig umgebaut. Seither wird es wieder unter dem alten Namen »Zur sehr alten Post« als griechisch-indisches Restaurant mit italienischer Küche und acht Zimmern im thailändischen Stil geführt.

Der Blick auf die Speisekarte lässt staunen: Die Speisen sind kreativ betitelt. Man liest mit Verwunderung von »Kalamares Müllerin«, »Flamm-Luchs« und »Austern Wiener Art«. (Nicht zu verwechseln mit »Wiener Austern«, die immer Miesmuscheln sein müssen.) Für die Kleinen Gäste gibt es »Straußen-Nuggets« und »Rochenstäbchen«. Schnecken findet man sowohl auf der Karte als auch in der Nasszelle des ein oder anderen Zimmers.

247 Gerichte, alle frisch zubereitet, wie der Kellner in akzentfreiem Sächsisch betont! Frisch ist höchstens die Zimmertemperatur. Die Austern kommen von weither und brauchen sehr lange dafür. Die Kalamares garen häufig schon auf der Ladefläche des jeweiligen Fortbewegungsmittels.

Was hier geboten wird, beschleunigt den Herzschlag des Gourmets. Bei empfindlichen Gemütern allerdings wird er auch schon einmal komplett zum Stillstand gebracht. Es ist daher nicht unklug, sich auf regionale Speisen wie »Dachs im eigenen Fell«, »Auerhahn im Reisrand« oder »Förstergulasch« zu konzentrieren. (Schrotkugeln sind kein Grund zur Beschwerde – sie beweisen, dass es sich wirklich um einen in freier Wildbahn geschossenen Förster handelt.) Während der Pilzsaison kann es aber auch hier mitunter zu Überraschungen kommen.

Der Saal kann für Hochzeiten, Kommunionsfeiern oder runde Geburtstage gebucht werden. Die Gesichter auf den währenddessen entstehenden Fotografien sehen allerdings ausnahmslos aus wie auf einer Trauerfeier.

Einen offiziellen Betriebsurlaub gibt es in der »sehr alten Post« nicht. Dieser findet eher von den Gästen weitestgehend unbemerkt während der üblichen Öffnungszeiten statt. Zudem hat das Personal ausreichend Gelegenheit, sich auszuruhen, wenn wieder einmal die vierteljährliche Schließung durch das Gesundheitsamt ansteht.

Die Außenfassade lässt viel Spielraum, was die Länderküche angeht. Von Usbekisch über Isländisch bis zu Burundisch würde einen hier nichts überraschen. Man rechnet mit Haustierfleisch und Beilagen aus dem Straßenverkehr, und man wird nicht enttäuscht!

Bei gutem Wetter lädt die stylishe Dachterrasse auf dem Anbau zu sommerlichen Open-Air-Partys ein.

51

Mit Essen spielt man nicht!

Die Geburt des Minigolf auf der Dösericher Höhe

Das Hochplateau »Dösericher Höhe« oberhalb des Urfttals bei Nettersheim könnte ein wunderbarer Ort für ein romantisches Picknick sein ... wenn es nicht ein beliebtes Ziel aller Hundespaziergänger wäre. Zwischen den tierischen Hinterlassenschaften gibt es kaum einen Quadratzentimeter Wiese, auf dem man unverseucht und kontaminationslos im Gras sitzen und Schampus und Schnittchen genießen könnte.

Das war vor dreihundert Jahren noch ganz anders, als Fürst Gutfried von Hahnenstolz an einem Spätfrühlingsabend genau an diesem Flecken auf den Freiherrn Deinhard von Schluckenbach traf. Tragischerweise waren beide dort zur gleichen Zeit mit Hippolyta, Freiin zu Soifz-Seuselbach verabredet, deren Terminkalender offenbar irgendwie durcheinandergeraten war. Das schrie geradezu nach einem Duell! Keiner der beiden Edelmänner besaß jedoch ein übermäßiges Geschick im Zweikampf oder gar den nötigen Blutdurst, um seinen Rivalen gleich an Ort und Stelle final auszustechen. Außerdem verfügte man nur über prall gefüllte Picknickkörbe und Buttermesser. So entschied man, sich auf sportliche Art zu messen.

Die Bediensteten der beiden Adelsherren, die hauptsächlich blöd glotzend in der Gegend herumstanden, reichten je ein französisches Stangenbrot, und zusätzlich kam ein hartgekochtes Hühnerei zum Einsatz.

Die beiden adeligen Galane versuchten nun auf dem von Wühlmäusen regelrecht perforierten Plateau das Ei vermittels gezielter Baguetteschläge in den Mauselöchern zu versenken. Sie entwickelten eine solche Spielfreude und einen so sportlichen Ehrgeiz, dass sie die Freiin für die nächsten zweieinhalb Stunden schlichtweg vergaßen. Daher vergnügte sich diese übergangsweise mit den beiden ebenfalls gelangweilten Bediensteten.

Deinhard von Schluckenbach siegte schließlich mit großem Punktvorsprung und durfte nach vorheriger Absprache seinem unterlegenen Gegner das hartgekochte Ei tief in den Schlund stopfen und so kräftig mit dem Stangenbrot nachstoßen, dass dieser noch auf dem Spielfeld verstarb.

Seither gilt das sogenannte »Minigolf« als elegante und anspruchsvolle Sportart der besseren Gesellschaft. Von der Eifel aus verbreitete sich das Spiel rasch in ganz Europa und wurde zeitweise in anderen Ländern auch mit Porreestangen oder Salatgurken gespielt. Bei der Verwendung eines Camemberts anstelle des Hühnereis entstand im Übrigen die Spielvariante Hockey.

Heutzutage finden beim Minigolf häufig Schläger und Bälle aus Holz und Metall Verwendung.

Hatte nicht weniger als zwei Verehrer an zehn Fingern: Hippolyta, Freiin zu Soifz-Seuselbach

52

Der König der Wälder

Die Waldschule im Warzendorfer Forst

Förster Ansgar Zünderich stammt gebürtig aus Niedersachsen und lebt seit fünfunddreißig Jahren im »gelobten Land«, wie er die Eifel gerne liebevoll bezeichnet. Sein Revier umfasst insgesamt etwa 13.000 Hektar Wald zwischen Blankenheim und Schleiden, das große Kernstück ist der Warzendorfer Forst. Wenn Sie diesen Wald unbedingt durchqueren wollen, können Sie das tun, und zwar sogar sehr komfortabel. Eine breit ausgebaute vierspurige Straße führt mitten hindurch, und die schnurgerade Streckenführung lädt nicht nur zu erhöhter Geschwindigkeit ein, sie fordert sie geradezu heraus. Genau davon profitiert vor allem Förster Zünderich mit der Waldschule, die er hier 1998 ins Leben rief.

»Wir haben eine schier unglaubliche Artenvielfalt im Revier«, schwärmt er. »Säugetiere, Vögel, Insekten – you name it, we have it!« Wenn er früher im Revier unterwegs war und sie alle beobachtete, spürte er das anwachsende Bedürfnis, sein Wissen mit anderen zu teilen, und so entstand seine Waldschule. Im kleinen Blockbohlenhaus aus heimischen Hölzern führt er sein »Waldarchiv«, in dem man sämtliche Lebewesen des Warzendorfer Forsts bestaunen kann. »Irgendwann wollen sie ja alle über diese große Straße«, erklärt Zünderich. »Und das überleben sie oft nicht. Ich brauche sie hinterher nur noch aufzusammeln. An nasskalten Herbsttagen ist das mühseliger als im heißen, trockenen Sommer – die ja Gott sei Dank immer öfter auftreten. Wenn die Asphaltdecke schön aufgeheizt ist, lässt sich der Kadaver ganz leicht ablösen. Im Winter ist es auch mitunter recht einfach, wenn das Aas quasi auf der Teerdecke schockgefrostet wird.«

In der Waldschule sortiert er die Kadaver dann in große Sammelalben ein. Die flache Form ist dabei ungemein hilfreich. »Den Kindern aus Grundschule und Kindergarten können wir so die ganze Vielfalt der heimischen Tierwelt nahebringen. Sie können das Fell streicheln, das Gefieder ertasten, und an vielen Stellen schimmert der Knochenbau durch, was ja auch sehr interessant ist. Das kann kein Lehrbuch leisten.«

In der Eifel gibt es ganzjährig zahlreiche Straßenbaustellen. In manchen Jahren dient dann die Straße durch den Warzendorfer Forst gleich fünf bis sechs solcher Sperrungen als Umleitung. Dann frohlockt Ansgar Zünderich, denn die Ausbeute der täglichen Kadaversammlung wächst sprungartig an. Die unschöne Angewohnheit der Ämter, mehrmals im Jahr die Geschwindigkeitsschilder freizuschneiden, ärgert ihn sehr.

Förster Zünderich ärgert sich über die Unsitte selbsternannter Umweltschützer, reflektierende CDs an die Bäume zu hängen. Die schneidet er regelmäßig ab und hört sie sich abends im Blockhaus an, wenn er bei einer Tasse Tee in den großen Sammelalben blättert.

Auf die Verpackung kommt es an

Das Heuballen-Kunst-Symposion

Alljährlich im Sommer bricht sich bei der »Künstlergruppe Sechs hoch drei« die geballte Kreativität Bahn. Man kann es an überall herumliegenden bunt umhüllten Heuballen erkennen. Diese Form der Aktionskunst geht auf die gestalterischen Aktivitäten des westfälischen Verpackungskünstler-Ehepaars Christa und Jan Klooth zurück, das in den frühen 70ern aus Bottrop in die Eifel zog und auf einer verlassenen Hofanlage im Maifeld eine Künstlerkommune gründete, die man schon aus drei bis vier Kilometern Entfernung am süßlichen Cannabisduft erkannte, bevor man sie überhaupt sah. Die Wohn- und Arbeitsgemeinschaft – im Jahresmittel aus etwa zwei Dutzend Männern und ungefähr zwei Dutzend Frauen verschiedener Nationalitäten bestehend – hatte sich zum Ziel gesetzt, die Eifel regelrecht mit Kunst zu fluten.

Christa und Jan Klooth gaben dabei den Ton an. Auf dem Hof herrschte ein auf den ersten Blick nicht zu erwartender strukturierter Alltag mit Kehrwoche, Spüldienst, wöchentlichem Taschengeld und freier Liebe.

Zu den von den Klooths bevorzugten Materialien gehörten Thermoplaste, Duroplaste und Elastomere, die heute unter dem Oberbegriff »Kunststoff« völlig zu Unrecht für alles Übel der Welt verantwortlich gemacht werden. Besonders der Einsatz als Verpackungsmaterial brachte dem Paar die nötige künstlerische Inspiration. (Ebenso wie der Naturstoff Latex, der in Kondomform ebenfalls unter »Verpackung« fiel und in der Kommune stets in Großhandels-Einheiten gehortet wurde.)

Die gesellschaftlich disponierte strikte Gegensätzlichkeit von Verpackung und Natur brachen Christa und Jan Klooth auf kongeniale Art und Weise auf, indem sie im Spätsommer das Heu – die Frucht der Eifelerde – mit Kunststoff-Folie umhüllten. In bizarren Inszenierungen reisten sie wochenlang durch die Eifel und feierten zwischen den von ihnen frischfolierten Rundballen orgiastische Happenings. Zu den Praktiken, die die Künstlergruppe dabei ausübte, gehörte auch die gegenseitige Ganzkörper-Verpackung mit Zellophanfolie, die für das Künstlerehepaar selbst im späten Frühjahr 1984 fatalerweise einen tödlichen Verlauf nahm. Gleichzeitig beugte aber auch die Verpackung beim nachfolgenden Verwesungsprozess der unvermeidlichen Geruchsbelästigung vor, sodass die beiden bis zu ihrer Kremierung während der dreieinhalb Wochen später stattfindenden Sommersonnenwendfeier aufbewahrt werden konnten.

Anlässlich großer Happenings entstehen überall in der Eifel kunstvoll folierte Rundballen. Manche von diesen Kunstwerken finden sogar dauerhaft in dörflichen Vorgärten ihren Platz.

Eine mutige Installation mit Biss: *»Backenzähne«*

Die Fromme und das Biest

Das Ungeheuer von Sankt Leberbruch

Die Welt der Eifeler Sagen und Mythen ist groß und schillernd. Riesen, Zwerge, Geisterreiter und auch der Teufel selbst erscheinen den Menschen bei Vollmond, doch das Ungeheuer, das bei Sankt Leberbruch, einer kleinen Kapelle hoch über dem Ahrtal, spukt, ist schon ein ganz besonderes Kaliber. Oben Pferd und unten Mensch, harrt es des Tages, an dem eine fromme Maid die göttliche Gnade erfleht, die die beiden Körperhälften endlich wieder umkehrt, so erzählt man sich seit Generationen.

Vor langer Zeit lebte unweit der Kapelle im Wald ein Zentaur, der mit den Menschen ringsum eine friedliche Nachbarschaft pflegte. Einmal im Monat trabte er zum Hufschmied in Altenahr und zum Barbier in Ahrbrück, auch half er den Bauern beim Holzrücken und ließ die Kinder auf seinem Rücken reiten. Eines Tages aber fand er im Wald eine alte Nonne, deren Habit sich hoffnungslos in einer Baumwurzel verfangen hatte. Ihr lautes, wüstes Zetern hatte den Zentauren angelockt, und er versuchte sogleich, ihr zu helfen. Aber ihr ungeduldiges Schimpfen wurde nur noch garstiger, da er ihrer Meinung nach zu zaghaft vorging. Sie schlug nach ihm und tobte. Da wusste er sich keinen anderen Rat mehr, holte aus und traktierte sie mit einem kräftigen Stoß seiner Hinterläufe, sodass sie zwar augenblicklich befreit war, aber dafür in meterhohem Bogen durch den Wald flog. Da kannte ihre Wut keine Grenzen mehr. Sie warf ihm die übelsten Schimpfwörter und Flüche entgegen, die sie sich in ihrem langen Nonnenleben aufgespart hatte. Eine ihrer Verwünschungen erfüllte sich noch im selben Moment, in dem sie ausgestoßen wurde: Unter Donner, Blitz und Schwefelgestank wurde das Antlitz des Zentauren plötzlich zum unförmigen Pferdekopf, seine Hände zu Hufen, und sein bisher fellbedeckter Hinterleib wurde zu dem eines unbekleideten Menschen.

Die Nonne stürzte zwar sogleich in die Kapelle, um Vergebung für ihr frevelhaftes Tun zu erflehen, doch es war zu spät, denn in der nämlichen Minute traf sie der Schlag, und sie war tot.

Seit jener Zeit irrt der verwunschene Zentaur durch den Wald, und jeder Frau, der er begegnet, flößt er mit seinem Erscheinen so große Furcht ein, dass sie schreiend wegläuft, anstatt niederzuknien und für ihn zu beten. Er kann mit seinen Hufen keinen Strohhalm halten, kein Feuerzeug anzünden und keine Konservendose öffnen, aber es fehlt ihm vor allen Dingen der Pferdeschweif, um die lästigen Fliegen zu verjagen.

Der Schweif ist weg, die Fliegen jubeln.

Die wütende alten Nonne warf dem Zentauren die übelsten Schimpfwörter und Flüche an den Kopf, die sie sich in ihrem langen Nonnenleben aufgespart hatte.

Wer ein Ungeheuer sehen will, hat am Loch Ness bessere Chancen. Zwar wird oft nächtens eine Gestalt mit entblößtem Unterleib gesehen, die durch die Wälder streicht, aber in den meisten Fällen handelt es sich um Balduin Kratzbach, einen schwer vermittelbaren Junggesellen von knapp siebzig Jahren aus Kesseling. Manchmal auch um seinen jüngeren Bruder Franz-Dieter.

Himmelhoch und unterirdisch

Die Eifel-Kathedrale St. Bazillus

Man könnte den Turm der Kirche von Geiferfeld im Bitburger Gutland schon von Weitem sehen, wenn nicht eine dichte Weißdornhecke, eine alte Feldscheune und eine Biogasanlage den Blick darauf verstellen würden. Im Allgemeinen wird die Kirche gemieden, denn das dem Heiligen St. Bazillus geweihte Bauwerk ist die Wirkungsstätte der Bazillen, einer christlichen Randgruppe, die das Alte Testament als zu progressiv verurteilt und die Schöpfungsgeschichte als »modernen Klimbim« abtut.

St. Bazillus von Geiferfeld, der Missionar, machte sich im 8. Jahrhundert auf, um die Rheinländer zu bekehren. Die Kunde von ihrem sündigen Tun war an sein Ohr gedrungen, und er zog los, um ihnen den wahren Glauben zu unterbreiten. Er scheiterte zwar kläglich mit seiner Mission, führte aber fortan ein geruhsames Leben mit fröhlichem Gesang, fetten Speisen, ebenso fetten Weibern und mit immer ausreichend viel Wein.

In seiner Heimat aber wird heute noch das verklärte Bild des frommen Mannes angebetet. Seit 45 Jahren ist Pater Tinnitus das Oberhaupt der Eifeler Glaubensgemeinschaft. Er spricht nur Worte, die in der Bibel vorkommen, und er erlaubt seinen Schäfchen keinerlei Schmuck und keinen Zierrat, ja überhaupt keinen Besitz. Ihre irdischen Güter nimmt er mit Eintritt in die Glaubensgemeinschaft in Verwahrung, wo er sie stets an sich selbst ausprobiert, um sich zu beweisen, wie sündhaft und verdorben er ist. Zu diesen Gütern zählt er auch Ehefrauen und Sportwagen. Wie seine Vorgänger baut der Pater an einer Kirche, die einmal sämtliche sakralen Bauten der Welt an Größe und Pracht bei Weitem überragen soll.

Weihrauchgeruch hängt über der Ebene, wenn Pater Tinnitus mit seinen Gläubigen mauert. Er beginnt um vier Uhr in der Früh, um acht Uhr gibt es eine Schale Hirse, die im Stehen auf einem Bein verzehrt wird. Um zwölf Uhr essen alle im Kopfstand noch eine Schale Hirse, dann knien sie nieder zum Gebet und peitschen sich anschließend eine Stunde lang gegenseitig mit in siedendem Öl getränkten Kieferzweigen aus. Dann wird weitergemauert, und die nächste fromme Pause folgt um vier Uhr mit einer weiteren Schale Hirse.

Der Sonntag ist ein Tag der Erholung und der Besinnung, dann ruht die Arbeit, und es wird rund um die Uhr gepeitscht und gebetet, dafür gibt es gar nichts zu essen. Richtig frei haben allerdings nur die Freimaurer unter den Maurern. Freitags essen die Bazillen übrigens nur Silberfischchen.

Wenn der letzte Sonnenstrahl verloschen ist, legen Pater Tinnitus und die anderen Bazillen die Arbeit nieder, trinken voller Demut eine Tasse lauwarmes Wasser, und schließlich folgt eine siebenstündige Pause, in der sie abwechselnd eine Stunde beten und eine Stunde schlafen.

Das Modell zeigt das ehrgeizige Projekt in Vollendung. 240 Meter soll die Kathedrale in den Himmel wachsen. 9,45 Meter sind bereits geschafft.

Mühsam nährt sich das Eichhörnchen

Der Eichhörnchen-Trail im Nörgelwald

Schon im Spätsommer sind die Eichhörnchen in den Wäldern unterwegs, um sich ihren Wintervorrat zusammenzusuchen. Monatelang schleppen die possierlichen Nager von früh bis spät Haselnüsse, Walnüsse und Bucheckern in ihre Depots und legen sich so beachtliche Vorräte an.

Siggi Hornbostel von der Umweltstation Nörgelwald organisiert geführte Wanderungen durch den Nörgelwald, einen artenreichen Mischwald südlich von Neuerburg in der Westeifel. Das lehrreiche Angebot richtet sich in erster Linie an Familien oder Grundschulklassen.

Hornbostel weiß genau, wo die Eichhörnchen ihre Sammelstellen angelegt haben. In hohlen Baumstümpfen und unter knorrigen Wurzeln verstecken sie Nüsse, Zapfen, Eicheln, Beeren und Pilze. Er beobachtet die Tiere ganz genau und weiß, wo die Stellen im Wald sind, an denen es sich lohnt. Wenn er mit seinen Wandergästen loszieht, sind diese begeistert, weil er ihnen alle paar Meter ein neues Versteck am Wegesrand zeigen kann.

Oft sind es mehrere Kilo, die so ein Eichhörnchen zusammenträgt. Die Kinder sind ganz beglückt, wenn sie ein solches Depot ausheben können. Fröhlich verstauen sie alles in den mitgebrachten Jutetaschen. Mithilfe der Zapfen entfacht Hornbostel am Ende der Wanderung ein fröhliches Feuerchen auf einer Lichtung. »Es ist so ein schönes Gefühl, wenn alle um das Lagerfeuer im kalten Herbstwald versammelt sind und die kleinen, leckeren Bucheckern rösten, die einen ganz köstlichen Duft verströmen«, schwärmt er. »Und die Eichhörnchen gucken einem dabei von oben aus den entlaubten Bäumen zu.« Die Beeren und Pilze bergen für die Sammler zu viele gesundheitliche Risiken und werden vorsorglich verbrannt. Die Eicheln nehmen die Kinder mit und basteln daraus in der warmen Stube lustige Männchen.

Doch das Wichtigste sind zweifellos all die vielen Nüsse. Hornbostel betrachtet diese Ausflüge auch als erste Einstimmung auf die nahende Vorweihnachtszeit. »Die Kinder lernen dabei schon früh, wo die ganzen Nüsse herkommen, die auf dem Weihnachtsteller liegen. Es ist ein gutes Gefühl, unter dem Christbaum etwas selbst Erbeutetes verzehren zu können.«

Man darf nicht zu spät im Jahr losziehen, denn wenn das Wetter irgendwann gar zu garstig wird, müssen die Eichhörnchen ihre Sammeltätigkeit zwangsläufig einstellen und fangen an, ihre Vorräte selbst zu verzehren. Dem muss man zuvorkommen.

Siggi Hornbostel hofft, dass er seine Wanderungen noch ein paar Jahre durchführen kann. »Es gibt nur leider immer weniger Eichhörnchen bei uns«, erklärt er bedauernd. »Der harte Winter setzt ihnen ziemlich zu. Sie sind gar nicht mehr so robust und widerstandsfähig wie früher.«

Eine Marter für alle Sinne

Das Lichtspielhaus Capitol in Zwiebelfeld

Nostalgie kann vieles verklären, aber sie hat ihre Grenzen. Ein Kinoabend in Zwiebelfeld vertreibt jeden Gedanken an »die gute alte Zeit«. Magda Prommenschenkel (92) führt das Capitol im Zentrum des Westeifelstädtchens in dritter Generation. Seit ihr Ehemann Walter vor siebzehn Jahren starb, muss sie alles alleine machen. »Hat sich aussem Staub gemacht, der faule Hund«, knurrt sie.

Der aufmerksame Beobachter erkennt schnell, dass ihr in den vergangenen 86 Jahren jeder Handgriff in Fleisch und Blut übergegangen ist. Mit sechs Jahren hat sie die erste Kinokarte verkauft. »Ein Film mit so Küchengeräten«, erinnert sie sich kopfwackelnd. *»M – Eine Stadt sucht einen Mörser,* hieß der, glaub ich.« Im Vorraum preist sie Popcorn an, das noch ihr Mann zubereitet hat, und Studentenfutter im 32. Semester, bei dem sich im Laufe der Zeit die einzelnen Zutaten einander stark angeglichen haben.

Was die Filme angeht, setzt Magda Prommenschenkel auf Bewährtes, das Programm bestreitet sie aus dem eigenen Fundus. Heute spielt sie einen Klassiker. »Irgendwas mit nem Tier«, murmelt sie. *»Der Biber von Eschnapur,* glaub ich.« Das Etikett auf der Filmrolle ist kaum zu lesen. »Oder ist das doch der mit dem Riesenmonster in Tokio? *Gorgonzola?«* Mit zitternden Fingern steckt sie die Spule auf den alten Projektor aus Gusseisen, der aussieht wie eine Panzerhaubitze. Dann fädelt sie den zerkratzten und verschmorten Zelluloidstreifen ein, den sie schon zigfach mit Verbandspflaster zusammengeflickt und somit immer wieder für einen neuen Handlungsverlauf gesorgt hat.

Bevor es endgültig losgeht, kommt das Eiskonfekt – oder das, was die Zimmertemperatur davon übrig ließ. Dann wird die einzige Glühbirne heruntergefahren, und in einem magischen Moment geht die rechte Hälfte des Vorhangs ruckelnd auf, tausend Motten schwirren durch den Saal, und bewegte Bilder huschen schemenhaft über die zerschlissene Leinwand. Das Projektorknattern übertönt beinahe den Filmton, der aber wegen des Brummens der gewaltigen alten Permanentmagnetlautsprecher sowieso kaum zu hören ist. Der Projektionsstrahl kämpft sich zittrig durch etliche Spinnweben und durch dicke, abgestandene Luft, in der die Staubkörner wie Schneegestöber herumtrudeln. Man würde das Kino gerne verlassen, aber die Klappsitze verhindern das mit eisernem Griff und klebrigem Samtpolster. Es folgen anderthalb Stunden Marter für alle Sinne.

»Dat is Kino!« Magda Prommenschenkel ist ein wandelndes Filmlexikon. Sie kann ihren Gästen die quirligen Dialoge zahlreicher Stummfilme vorplappern und beschreibt die alten Schwarz-Weiß-Klassiker in den schillerndsten Farben. Sie konnte auch immer die schönsten Filmmusiken pfeifen. *»Der dritte Manfred* oder auch diese Operette, die mit dem Supermarkt ... *Dosen aus Tirol.«* Aber das lässt die Komplettprothese inzwischen nicht mehr zu. Ihr Lieblingsfilm? »Der mit der Dieselzapfsäule: *Charleys Tanke!«*

Der 82 Jahre alte *»SIEMENS Rabiator«* läuft und macht Geräusche wie ein 87-jähriger *»SIEMENS Rabiator«.*

Ich will ein Rind von dir!

Der Viehmarkt in Grummelborn

Einmal im Monat findet in Grummelborn einer der letzten Viehmärkte in der Eifel statt. Das kleine Städtchen unweit der amerikanischen Militär-Base Spangdahlem erhielt im 12. Jahrhundert das Marktrecht. Seither wechselt hier, wie bei dieser Art von Märkten üblich, Vieh seinen Besitzer.

Aus der ganzen Eifel, dem Rheinland, aus dem Aachener Raum, dem Hunsrück und sogar vom Niederrhein werden die Händler hierhergelockt. Darauf sollten Sie allerdings nicht hereinfallen.

Heute sind es jedoch nicht mehr Ochse oder Ziege, Schwein oder Milchkuh, die hier angeboten werden. Die Nutzviehhaltung ist mittlerweile in der Hand der Großlandwirte, die ihre Bestände direkt ab Zuchtbetrieb geliefert bekommen.

Der Grummelborner Viehmarkt geht seit den 90er-Jahren neue Wege.

Versierte Verkäufer werden hier Tiere mit kleinen Fehlern los: Mit dreibeinigen Pferden, schielenden Hunden oder Eichhörnchen mit Nussallergie kann man hier immer noch recht akzeptable Preise erzielen. Löchrige Meerschweinchen, falsch zusammengewachsene siamesische Katzen und zahnkranke Hühner – hier gibt es für jedes noch so abseitige Interesse das passende Tier. Viele frönen auch hier auf dem Markt ihrer Sammelleidenschaft und vervollständigen mit dem ein oder anderen außergewöhnlichen Stück ihre Molch-Kollektion. Unter Gothic-Fans ist ein Stand mit dressierten Ratten, Würgeschlangen und Vogelspinnen äußerst beliebt.

Auch der Tauschhandel blüht hier noch. Mancher Kleinzüchter, der am Morgen von zu Hause fröhlich pfeifend mit einem Rind aufgebrochen ist, kehrt am Abend zufrieden mit einem Gebrauchtrind mit anderer Fellfarbe zurück.

Die Zeit der Wühlmäuse, Marder und Maulwürfe scheint indes endgültig vorbei zu sein. Viele Anbieter müssen mitunter abends ihr gesamtes Angebot wieder mit nach Hause nehmen.

Auch sieht man nur noch selten das idyllische Bild des Händlers, der nach einem langen und beschwerlichen Weg mit der Gerte seine Schildkrötenherde in den Ort hineintreibt.

Von einem chinesischen Restaurant in Kaiserslautern weiß man, dass es in Grummelborn mit den hier angebotenen Tieren seinen gesamten monatlichen Bedarf an Hunden, gleich welcher Rasse, abdeckt.

Landwirt Axel Höhle strahlt, er hat ein Schnäppchen gemacht: Ein stolzer Araberhengst mit afrikanischem Kopfputz. Neuerdings werden auch verstärkt genmanipulierte Tiere angeboten, die beim traditionellen Publikum zum Teil noch auf Ablehnung stoßen: Wollsau, Rattendackel, Leopardenkuh ... Der Viehmarkt muss sich auch in Zukunft immer neuen Strömungen anpassen.

Ze Jroames va domme Knaasteleprömm

Wie den Brummelichern der Schnabel gewachsen ist

Gesetzt den Fall, Sie haben sich in der Eifel verfahren, was nicht selten vorkommt. Zwar ist die Beschilderung flächendeckend informativ und zielorientiert, aber eine Unzahl von ineinander verschlungenen Umleitungen führt oft zu völliger Orientierungslosigkeit. Sollte in dieser prekären Situation das Ortsschild des Dorfes Brummelich vor Ihnen auftauchen, ist Ihr Schicksal im Grunde genommen schon besiegelt. In diesem Ort führt die Frage nach dem Weg fast zwangsläufig zu dem ein oder anderen erstaunlichen Dialog:

»Ist das die Straße nach Schleiden?«

Die Antwort ist ebenso umfangreich wie kryptisch: »Krümm dat de frocke Schlönge fass. Miemschesmoal kriefste dröm ze priessele var Gruumerej.«

Das hilft Ihnen nicht weiter. Sie fragen sich, ob Sie versehentlich irgendeine innereuropäische Grenze gequert haben.

»Nach Schleiden?«, fragen Sie erneut. »Führt der Weg nach Schleiden?«

Der Mann/die Frau/das Kind lächelt Sie geduldig an und erklärt: »Zimm de Friehjuckele mömm fröttelije Matieres kuschte noh de Balleräng füsteliere. Matsuck! Dröö de Fläues zick de Blommpezauel sidde va Schtoonsdefott!«

Spätestens jetzt merken Sie, dass von diesem Menschen keine Hilfe zu erwarten ist, und Sie fahren ein paar Schritte weiter und fragen jemand anderen. Die Antwort fällt diesmal knapper aus: »Passong vudde me dirvel.«

Die Brummelicher Mundart, das »Brummele Platt« ist hier gewissermaßen Amtssprache. Alle sprechen es. Der Bäcker, die Metzgerin, der Ortsbürgermeister. Das Mitteilungsblatt ist das *Brummele Schnöakefittche,* und die sonntägliche Messe wird selbstverständlich auf Platt gehalten: »Em Nourme dös Voadrich, des Zonneck on dös krieleje Klasematunkes!«

Die Entwicklung der Sprache wurde von harten Wintern begünstigt, die mit großen Schneemassen das Dorf von Anfang Oktober bis Ende Mai von der Außenwelt abschnitten. Man blieb unter sich, was sowohl zur Vereinheitlichung des Erbguts als auch zur Verkümmerung der Sprache beitrug.

Frottel ist eine Zündkerze, Quedräänes eine Wanderdüne, Schnickfott eine Mustertapete, und Kadrüll hat gleich drei Bedeutungen: das Kadrüll – eine Küchenschabe, der Kadrüll – ein Fünfmarkstück oder die Kadrüll – ein zu hart gekochtes Ei. »Schleiden« heißt hier übrigens »Schliehwöcks« – vielleicht hilft Ihnen das weiter.

Er streicht auf allen Hinweisschildern die hochdeutschen Wörter durch und sprayt darunter das Brummelischer Pendant: Krockföngers Wellem.

Es lohnt sich nicht, nach dem Weg zu fragen. Ein Wörterbuch Deutsch-Brummelisch gibt es nicht, dafür müsste erst einmal jemand Hochdeutsch können.

Der Molch ist immer der Mörder

Grottige Kriminalliteratur vom Würschweiler Weiher

»Das eisfarbige Mondlicht ließ das blasskalte Wasser des Weihers von Würschweiler aussehen wie ein zersplitterter Kristallspiegel. Eine erstickte Stille lag bleischwer über dem störrischen Schilf. Mit einem Mal zerschnitt sensenscharf ein grellglühender Schrei aus einer blassen, schlanken Frauenkehle die dämonisch düstere Kulisse. Der Meuchel-Molch hatte wieder zugeschlagen!« Dieser Romananfang gehört wohl zu den berühmtesten der Geschichte der deutschsprachigen Kriminalliteratur.

Er stammt aus der Feder von Edgar Knolles aus Würschweiler an der luxemburgischen Grenze. Knolles war pensionierter Lehrer und Gelegenheitsdichter, der bislang nur kleine, erbauliche Tiergeschichten im Eifeler Heimatkalender veröffentlicht hatte. Sein Roman *»Der Meuchel-Molch vom Würschweiler Weiher«* erschien im Jahr 1952 und machte den kleinen Flecken westlich von Bitburg deutschlandweit berühmt und brachte ihm den Titel »König der Adjektive« ein.

Die Geschichte ist mit wenigen Sätzen erzählt: Ein Mörder im Grottenolmkostüm macht die Gegend um Schloss Würschweiler unsicher. Nach und nach fallen ihm die Adligen, die Dorfbewohner und auch ermittelnde Polizisten zum Opfer. Er hinterlässt nichts als eine schleimige Spur und eine parfümierte Visitenkarte. Erst Kommissar Wollunder kann ihn zur Strecke bringen und deckt damit eine gemeine Falschmünzerbande auf, die zusammen mit Nazispionen unter dem Deckmantel eines harmlosen Frauenhändlerrings die Weltherrschaft anstrebt. Das Buch schlug ein wie die sprichwörtliche Bombe und wurde millionenfach verkauft.

Die beschauliche Region um Würschweiler wurde spätestens nach den Folgeromanen *»Die Rückkehr des Meuchel-Molchs«* und *»Der Meuchel-Molch macht keine Pause«* überschwemmt von Leserinnen und Lesern aus Nah und Fern, die sich diesen *kriminellen* Ort, den sie bisher nur aus den Büchern kannten, endlich einmal in natura ansehen wollten.

Bei dem großen Erfolg konnte es nicht lange dauern, bis das Kino sich für die Stoffe interessierte. Die Ufa verfilmte die Romane mit allen Stars, die Rang und Namen hatten: Dieter Brosche, Ruth-Maria Leuwertschek, Joachim Buchsbeutel, Heinz Rachen und Karin Chlor brachten die Kinokassen zum Klingeln. Klaus Grinski als bleicher Killer mit dem irren Blick und Eddi Haarent-Ferner als steifer Butler gehörten in allen Filmen der Reihe zum Inventar.

ES IST ABSOLUT UNMÖGLICH, VON EDGAR KNOLLES GEFESSELT ZU SEIN!

Weitere Romane der Reihe: ***»Der Meuchel-Molch raucht Filterlose«, »Der Meuchel-Molch tankt Super«, »Der Meuchel-Molch mit dem keuschen Dolch«, »Die angeheiratete Nichte des Meuchel-Molchs«***

Shopping in the City

Die erste Fußgängerzone der Welt

Der kleine Ort Knasel in der Verbandsgemeinde Cochem-Zell ist in die Geschichte eingegangen, weil hier zum allerersten Mal ein städtebauliches Konzept Anwendung fand, das heutzutage in nahezu allen Innenstädten der Welt zum Standard gehört. Ein Plan steckte nicht dahinter.

Wir schauen ins Jahr 1907, in dem die Schneiderin Agnes Krumpholz genug Geld angespart hatte, um sich ein Haus mit einem kleinen Ladenlokal mitten im Zentrum von Knasel zu kaufen. Die gestandene Eifelerin verfügte bereits über einen großen Kundenstamm und glaubte nun, der Schritt zu etwas Größerem müsse getan werden. Fast zeitgleich mit ihr eröffnete genau im Haus gegenüber Philemon Dröppel seine Schusterwerkstatt. Zudem übernahm nur knapp zwei Wochen später Berthold Zweifall den Friseursalon seines Vaters. Der Kern des Örtchens entwickelte sich flugs zum regelrechten Einkaufszentrum. Hinzu kamen ein Neubau, der in Windeseile errichtet wurde und im Erdgeschoss einen Kolonialwarenladen beherbergte, und ein weiteres Gebäude, das in Rekordzeit aus dem Boden gestampft wurde und in dem Miederwaren angeboten wurden.

Über all den berauschenden Eifer, mit dem die Geschäftswelt von Knasel zu nie dagewesener Blüte gebracht wurde, hatte man allerdings einen gewaltigen städtebaulichen Fehler begangen: Die beiden neu errichteten Häuser schnitten beiderseits die Zufahrt ab, und so kam es, dass nur eine schmale Gasse den einzigen Zuweg zu den Geschäften bildete. Eine krasse Fehlplanung, die sich nicht rückgängig machen ließ. Wie sollte man nun Kundschaft in diese nahezu unzugängliche Einkaufsmeile locken?

Im ersten Schritt wurde 1909 die Witwe Adele Virnstein zwangsumgesiedelt, und man durchbrach die Wände ihres Hauses, sodass man sowohl in ihrer Waschküche, im Wintergarten und im Schlafzimmer je ein Automobil parken konnte. 1910 folgte der Umbau des Kartoffelkellers zu einer unterirdischen Garage. 1911 wurden zum ersten Mal peruanische Panflötenspieler in der Straße gesichtet, denen man Münzen in den Hut warf, damit sie aufhörten zu spielen. Doch das Sortiment reichte nicht aus, um einen wirtschaftlichen Erfolg herbeizuführen. Investoren kauften sich nun in die Immobilien ein und eröffneten in der Schneiderei einen Glücksspiel-Salon, im Schuhgeschäft einen Ein-Taler-Laden, im Friseursalon ein Fernsprechergeschäft, und im Kolonialwarenladen wurden Liegebänke mit Höhensonne aufgestellt.

Bunte Einkaufswelt: Vielfältige Geschäfte, Telefon in der Tiefgarage, Genussmittel … Erst viel später wurden auch an anderen Orten autofreie Einkaufsstraßen eingerichtet, wie zum Beispiel in Buenos Aires oder auf Mackinac Island in den USA. Abgeguckt hat man dieses Konzept in Knasel in der Eifel.

Aus heiterem Himmel

Der ultimative Blitzschlag-Hotspot

Einmal vom Blitz getroffen zu werden ist selten genug. Hanno Frangenberg hat es mittlerweile auf stolze sechs Mal gebracht. Er hat – eher unfreiwillig – den ultimativen Blitz-Hotspot am Rande des Friedhofs von Kützelbach bei Kall in der Nordeifel ausfindig gemacht.

»Es wird wohl an meiner Metallplatte im Schädel gelegen haben und an meinen 18 Plomben«, vermutet Frangenberg. »Oder an der Tatsache, dass ich gerade auf einer alten Metallleiter stand, als das Gewitter aufzog. Und vielleicht auch ein bisschen an der vier Meter langen Funkantenne, die ich gerade aufstellen wollte.«

Jedenfalls erwischte ihn der erste Blitz im Jahr 1987. Drei Jahre später dachte er, das Risiko, ein zweites Mal vom Blitz getroffen zu werden, sei wohl gleich null, und er forderte sein Glück sehenden Auges heraus. Weit gefehlt. Wieder fuhren einige Hunderttausend Volt durch seinen Körper. »Irgendwie war es belebend. Gut, ich sehe seither nur noch schwarz-weiß, und mein linkes Bein ist taub, aber dafür fühle ich mich ansonsten wie neu geboren.« Und so findet man Hanno Frangenberg bei jedem Gewitter auf dem Friedhof.

Offenbar hat aber auch die häufige Anwesenheit Frangenbergs zu einer schleichenden Wetterveränderung geführt. Jede Gewitterfront, die sich großräumig der Nordeifel nähert, macht zumindest einen kleinen Umweg über Kützelbach. Meteorologen führen dies auf die elektromagnetische Anziehungskraft zurück, die sich in Hanno Frangenbergs Körper manifestiert habe.

Zunehmend wurde der Platz in den folgenden Jahren auch für andere interessant. Mehrfach wurden beispielsweise Versuche unterbunden, unliebsame Angehörige an dieser Stelle final auszusetzen. Zweimal bereits wurden zwielichtige Humanwissenschaftler bei unerlaubten Exhumierungen und absurden Wiederbelebungsversuchen überrascht.

Hanno Frangenberg bleibt seinem Friedhof treu. Seine Grabstätte ist für den Fall seines Ablebens bereits vorbereitet. Über mehrere armdicke Kabelstränge ist sie mit einer gewaltigen Trafostation verbunden, die am Platz der ehemaligen Leichenhalle errichtet wurde. Akkumulatoren der neuesten Generation verfügen über unfassbaren Energiespeicherplatz. Bis zum jüngsten Tag soll Hanno Frangenberg hier für die Friedhofsbeleuchtung, das Flutlicht des angrenzenden Sportplatzes und die Energieversorgung der Elektroauto-Liefertaxis der Kützelbacher Pizzeria *Al Forno Elettro* sorgen.

Krachend entlädt sich wieder einmal ein Gewitter. Mit den Blitzen versteht sich Hanno Frangenberg bestens. Für eine RTL-Show will er demnächst versuchen, die Kerzen auf einer Geburtstagstorte damit anzuzünden.

Auf dem falschen Dampfer

Arnold Igelings Bootsverleih am Rursee

Schon von Weitem machen die Motorboote an der Anlegestelle Gammelauel am Rursee keinen vertrauenerweckenden Eindruck. Doch Lockangebote lassen einen über oberflächliche Mängel hinwegschauen. »Eine Stunde 5 Euro!«, liest man da. Und schon ist man am Haken. Der Bootsverleiher Arnold Igeling ist frühpensionierter Mathematiklehrer aus Düren. Sein Plan ist so undurchschaubar wie teuflisch. Das Kleingedruckte im Mietvertrag ist klein gedruckt. Sehr klein. So klein, dass man es mit bloßem Auge für eine gestrichelte Linie halten könnte. Der Passus ist ebenso knapp formuliert wie allumfassend und erlaubt die notwendige Addition von »variablen Kosten«.

Die addierte Mehrwertsteuer ist das Erste, was einem bei der Schlussrechnung ins Auge springt. Dass dann noch das Datum draufgerechnet wird, führt zu Nachfragen. »Vertrag ist Vertrag«, erklärt Igeling. An guten Tagen rechnet er nur noch die Postleitzahl des Kunden hinzu, manchmal aber auch noch die Bootsnummer. Hier erklärt sich dann die Durchnummerierung der acht Boote von 217 bis 225.

Will ein Kunde sich aber partout nicht auf diese Kalkulation einlassen, kommt noch Igelings aktueller Blutdruckwert obendrauf, der im Laufe der Diskussion oft dramatisch ansteigt. Anhaltender Widerstand wird mit einer Gliedertaxe quittiert, die sich aus einer Zählung von Fingern und Zehen der Kundschaft errechnet, mit der dann multipliziert wird. Wer sich jetzt noch uneinsichtig zeigt, dem droht Igeling an, die Kartenzahlung über mehrere ausländische Banken laufen zu lassen und die Summe dank ungünstiger Wechselkurse somit fast zu verdreifachen.

Am Ende lässt er doch noch mit sich reden, murmelt etwas von »Rabatt« und »guter Laune«, wendet mehrere undurchschaubare Rechenvorgänge an und kritzelt außer Rand und Band geratene Ziffernkolonnen auf ein Schmierblatt. Während seiner Lehramtstätigkeit hatte er stets seine liebe Mühe, Schülerinnen und Schülern die simplen Regeln des Dreisatzes zu vermitteln. Heute ist es sein Bestreben, das Prinzip aller mathematischen Formeln möglichst zu verschleiern. Wenn er dann großmütig vorschlägt, einfach die Quersumme zu bezahlen, schlägt der Kunde schließlich hoffnungsfroh ein und hat nicht vor Augen, dass die Quersumme von beispielsweise 34.864,60 Euro immer noch spürbar über dem Fünfer liegt, den die Tour eigentlich hatte kosten sollen.

Trinkgeld hat Arnold Igeling noch nie bekommen. »Fünf Euro für eine Stunde ist so gut wie geschenkt«, erklärt er. »Da verdiene ich eigentlich nichts dran, da zahle ich eher noch drauf!«
In seiner Freizeit beschäftigt sich Arnold Igeling mit Tischzauberei und halblegalen Steuertricks.

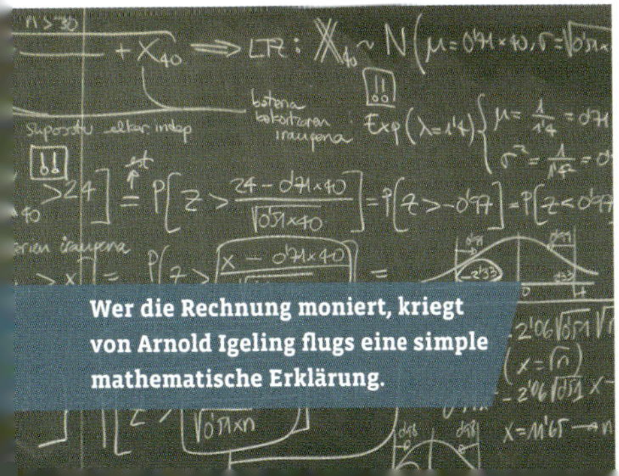

Wer die Rechnung moniert, kriegt von Arnold Igeling flugs eine simple mathematische Erklärung.

Seine acht Boote sind nicht umsonst von 217 bis 225 durchnummeriert.

Krampfadern und Netzstrümpfe

Der Senioren-Straßenstrich von Bürzelborn

Das Heranwachsen geburtenschwacher Jahrgänge hat unbestreitbar zu einem Arbeitskräftemangel geführt, die Berufsanfänger bevorzugen ein entspanntes Auslandsjahr oder ein relaxtes Gap Year oder betonen allgemein ihr Anrecht auf eine verbesserte Work-Life-Balance.

Ebenso wie alle anderen Branchen leidet auch der Straßenstrich von Bürzelborn südlich von Bitburg unter dieser Entwicklung. Altgediente Dienstleisterinnen haben in der letzten Zeit die Verwerfungen der Corona-Pandemie zum Anlass genommen, vorzeitig in den Ruhestand zu gehen, und neue Kräfte sind überaus rar. Man findet am Rande der Bundesstraße mittlerweile häufiger ausgesetzte Hunde als Prostituierte. Eine Fahrt hierhin lohnt sich definitiv nicht.

Doch die Bewohner von Bürzelborn, die in der Vergangenheit mit der stundenweisen Vermietung von Gästezimmern und dem Verkauf von Verhütungsmitteln stets gute Umsätze gemacht haben, wollen diese Entwicklung nicht so einfach hinnehmen. Im ortsansässigen Strick- und Häkelkränzchen »Maschenmädels Bürzelborn«, das sich bisher ganzjährig mit der Erzeugung von Socken und Platzdeckchen in für den gesunden Menschenverstand nicht empfohlenen Mengen auf den nächsten Weihnachtsbasar zuhäkelt, wurde im Eierlikörrausch eine revolutionäre Idee geboren: Unter dem geringfügig geänderten Namen »Muschimamas Bürzelborn« verrichtet man jetzt unter Aufbietung all der sehr, sehr langjährigen Erfahrung den soliden und sachverständigen Dienst an der Straße.

Auch unter Umweltaspekten ist diese Entwicklung zu begrüßen. Statt eng anliegende Wegwerf-Fummel aus 99 % Polyester, Elastan und Viskose locken jetzt Kittelschürzen, Leinenbluse und Röcke aus reiner Schurwolle, und die gewagte Unterwäsche häkeln die Damen selbst. Dass sich der moselfränkische Dialekt der Dienstleisterinnen für fremde Ohren auch nicht viel anders anhört als osteuropäisches Kauderwelsch, senkt zudem die Hemmschwelle der Kunden.

Der Schichtwechsel kommt offenbar gut an, denn Fernfahrer verlegen immer öfter ihre Route, sodass sie über Bürzelborn führt, und setzen damit die Qualität ihrer leicht verderblichen Güter aufs Spiel. Sie schätzen den bodenständigen Service und staunen über das, »was Großmutter noch wusste«.

Der Häkelclub ist zufrieden und denkt schon weiter: »Wir verfügen über das Know How und die Kniffe, und das wollen wir weitergeben«, erklärt Martha F. (81). »Wir geben jetzt auch Kurse, um den Nachwuchs wieder für dieses traditionsreiche Gewerbe zu erwärmen.«

»Viel besser als Falschparker aufschreiben.« Rentner Siggi L. (79) bietet jetzt auch seinen Körper nahe der Mitfahrbank des Ortes an.

Wenn der Maulwurf ruft

Das Partnerstadt-Treffen in Rüsselrath

Einmal im Jahr lohnt es sich mehr denn je, auf der A61 an der Abfahrt Rüsselrath aufs Gaspedal zu treten, statt herunterzubremsen und abzufahren. Dann nämlich, wenn am 21. Juni gleich zwei Großereignisse aufeinander fallen: der »Maulwurfstag«, an dem die Flugrichtung eines hoch durch die Luft katapultierten Maulwurfs die Windrichtung der kommenden sieben Wochen prophezeit, und der Tag, an dem die Delegationen der Partnerstädte Molotowgorod (Belarus), Heng Lang (Nordkorea) und Puerto de la Morte (Venezuela) zu Gast in dem kleinen Städtchen sind, dessen Bewohner ihrem Broterwerb hauptsächlich in der ortsansässigen Maulwurfmantel-Fabrik Schwarz & Schimmer nachgehen. In diesem Betrieb werden ausschließlich Felle von Zucht-Maulwürfen verarbeitet, da der freilebende Maulwurf in Deutschland seit 1980 unter Schutz steht. (Aus der gesamten Eifel bringen übrigens immer wieder fürsorgliche Gartenfreunde und Landwirte ihre Maulwürfe »zur Erholung« nach Rüsselrath.)

Mitte Juni werden hier die internationalen Gäste ein ganzes Wochenende lang bestens unterhalten und bewirtet. Man fordert ihnen die Teilnahme am angeblich traditionellen Maulwurf-Hockey ab, und als angeblich regionales Traditionsgericht verabreicht man ihnen sauer eingelegten Maulwurf mit Frühkartoffeln und Löwenzahn.

Nach drei Tagen ausgelassenen Feierns schickt man die überwiegend männlichen Besucher, beladen mit angeblichen regionaltypischen Präsenten, wieder heim: Ketten aus Maulwurfzähnen, geräucherter Maulwurfschinken und schokolierte Maulwurfpfötchen sollen in den Heimatstädten für Freude und Begeisterung sorgen.

Etwa Mitte März des darauffolgenden Jahres kommt es dann überraschenderweise zu einem deutlichen Geburtenanstieg in Rüsselrath. Die gebärenden Mütter befinden sich häufig nicht in einer Partnerschaft, und wenn doch, ist meistens niemand überraschter von der Niederkunft als der scheinbare Kindsvater.

Auch die Abgeordneten vom Rüsselrather »VVVMM – Verein für Verschwisterung und maximale Maulwurfsausbeute« besuchen immer wieder die fernen Partnerstädte. Zurückgekehrt ist allerdings noch nie jemand.

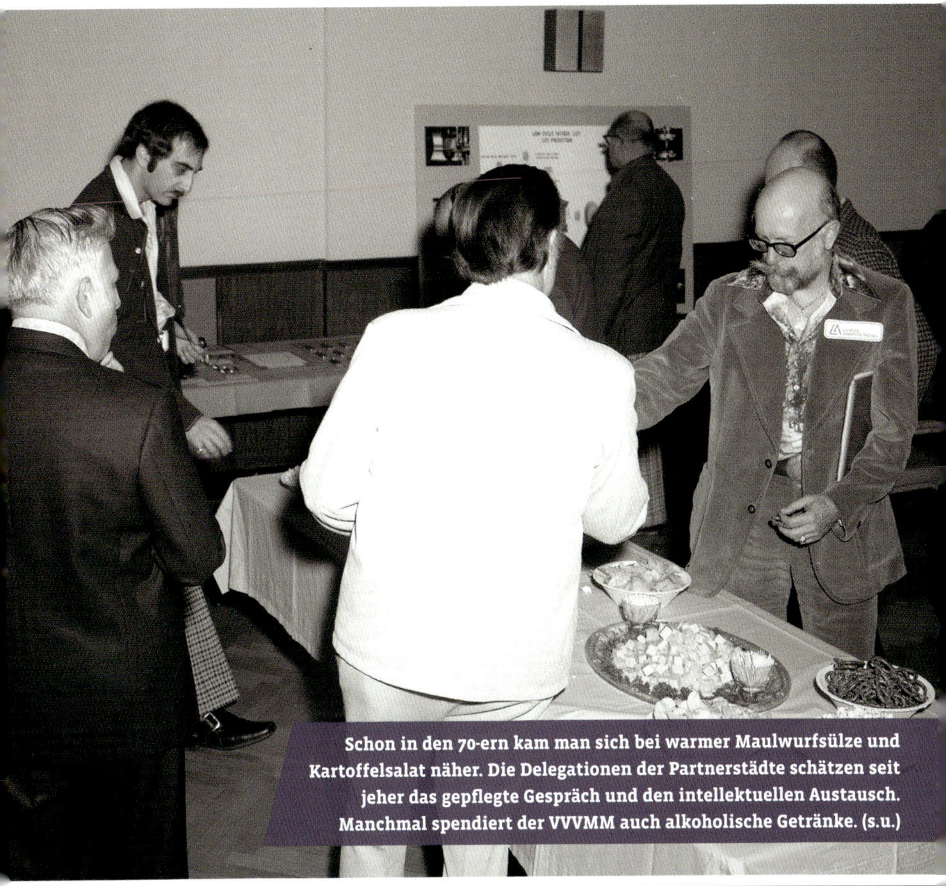

Schon in den 70-ern kam man sich bei warmer Maulwurfsülze und Kartoffelsalat näher. Die Delegationen der Partnerstädte schätzen seit jeher das gepflegte Gespräch und den intellektuellen Austausch. Manchmal spendiert der VVVMM auch alkoholische Getränke. (s.u.)

Der Maulwurf zeigt in Richtung Südsüdost. Daher weht also jetzt der Wind!

Kraftstoffoase und Luxuskaufhaus

Die Freie Tankstelle in Gammelberg

Niemand weiß genau, woher der Kraftstoff der »Freien Tankstelle Anton W. Faulobst« in Gammelberg unweit von Ahrweiler wirklich stammt. Jedenfalls nicht von den Mineralölkonzernen. Man vermutet eine nur schwer erkennbare wirtschaftliche Verknüpfung mit der links angrenzenden »Autoverwertung A. Werner Faulobst« und dem »AWF – Metall- & Schrotthandel« rechterhand.

Anton Faulobst betreibt seine Tankstelle in dritter Generation und hat fast ausschließlich Stammkundschaft. Die allerdings kaum Benzin oder Dieselkraftstoff kauft. Die Beschriftungen der Zapfsäulen sind entweder altersentsprechend verwittert oder bewusst unkenntlich gemacht. Die Wahl des Zapfhahns kommt einem Russischen Roulette gleich. Hier gilt ein Einheitspreis für sämtliche Kraftstoffarten, der sich in keiner Weise an den vorgegebenen Listenpreisen orientiert und stets verhandelbar ist. Möglich ist die Bezahlung in bar, mit Zahngold oder im Tausch gegen nicht deklarierte Importware aus Kolumbien.

Nur sehr verzweifelte Zufallskunden mit knochentrockenem Tank lassen sich auf diese Art von Handel ein und riskieren damit unter Umständen den Sekundentod ihres Fahrzeugmotors.

Die Stammkundschaft sucht Faulobsts Tankstelle aus anderen Gründen auf: Sie finden in seinem Shop teure Elektroartikel, abgelaufene Tiefkühlware, täuschend echte TÜV-Plaketten und exklusive Designer-Kleidung zu atemberaubend kleinen Preisen. Rund um die aufgequollene Verkaufstheke kulminieren Luxusartikel aus allen Bereichen des wirtschaftlichen Überflusses in einer Vielfalt, wie man sie sonst nur aus dem KaDeWe oder von Harrod's kennt.

Gerüchten zufolge soll es auch kaufmännische Verbindungen zu den Firmen »Anton's Second-Hand-Nummernschilder«, »Werner's Waffen« und »Elektro-Preiszwerg Faulobs't« in der Parallelstraße geben.

Gerne genutzt wird auch die Waschanlage, die ausschließlich mit mehrjährig recyceltem Wasser und völlig ohne Elektrizität betrieben wird. Ganzjährig bietet Anton W. Faulobst dort Saisonarbeitskräften großzügig die Gelegenheit, sich mit dem Reinigen der Kundenfahrzeuge ihren von ihm in Verwahrung genommenen Pass zurückzuerhalten oder wenigstens stundenweise die Fußfessel abgenommen zu bekommen.

Edel und doch erschwinglich: Echte Markenuhren-Fälschungen aus Hartplastik, Stanniol und Goldsprühlack.

Geschäftskunden wird der Besuch der Tankstelle neben dem Schrottplatz nicht empfohlen, da keine Quittung ausgestellt werden kann. Man läuft ohnehin Gefahr, in die Unruhen der zwei- bis dreimal wöchentlich stattfindenden Razzien hineingezogen zu werden.

Anton W. Faulobst und seine freundlichen Saisonarbeiter würden sich gerne um ihr Fahrzeug kümmern.

67

Musik für starke Nerven

Der Lokalsender Hitradio Eifel 66,5

»Die besten Hits der 80er, 90er und von morgen und übermorgen!«, lautet der Werbeslogan von »Hitradio Eifel 66,5«. Die drei Ziffern haben weniger mit der Wellenlänge zu tun, auf der gesendet wird, als vielmehr mit der Anzahl der Zuhörerinnen und Zuhörer, die »Hitradio Eifel« überhaupt empfangen können. Moderator Buddy Schladerbotz sendet aus dem Souterrain seines Einfamilienhauses in Krumperich in der Osteifel. Eine Rundfunklizenz von mehreren Tausend Euro kann sich der Vollblut-Radiomann zwar nicht leisten, aber trotzdem hat er einen Weg zu seinem Publikum gefunden. Die Sendeantenne hinter seinem Haus hat er aus alten NVA-Beständen. Sie ist zwar zwölf Meter hoch und sieht so aus, als könne sie mit der ISS kommunizieren, doch die dahintersteckende Technik reicht gerade mal bis zu den Grenzen des Dorfes. Man empfängt den Sender am besten im Babyfon, auf dem Fernsehprogrammplatz 342 und mit den meisten handelsüblichen Hörgeräten.

Um zwangsläufig anfallenden GEMA-Gebühren von vornherein aus dem Weg zu gehen, schöpft Buddy Schladerbotz aus dem kreativen Pool seiner Nachbarschaft. In den Sendungen »Morning Show mit Buddy«, »Buddy bis zum Mittag«, »Guten Appetit mit Buddy«, »Buddy Afternoon«, »Fröhlicher Feierabend mit Buddy« und »Träumen mit Buddy« spielt er ausschließlich Songs, die von den Bewohnern des Dorfes Krumperich komponiert, getextet und eingespielt wurden.

Da findet die 98-jährige frühere Opernsängerin Herta Kammer-Flimm mit ihren Koloraturübungen genauso ihr Publikum wie der kehlkopfamputierte Förster Horst Helmut Brackhahn, der hier als DJ R2D2 eine späte Karriere gestartet hat.

Heimliche Hits im Programm sind auch die Blockflötenbeiträge der kleinen Shanaia Plötzer, die es schafft, bekannte Kinderlieder so zu verfremden, dass keine urheberrechtlichen Probleme mehr drohen. Jedes Jahr im Advent spielt Shanaia Weihnachtslieder und bringt Großmütter zum Weinen, Glas zum Zerspringen und Tapeten dazu, sich von der Wand zu lösen. Am Sonntagvormittag gibt es dreieinhalb Stunden nonstop experimentelle Orgelvariationen von Küster Heinz-Friedemann Stuss.

Marianne Faulbrut singt Kochrezepte, Hermann Olligschläger Reparaturanleitungen für vierzig verschiedene Automarken.

Das ist echtes Radio aus der Eifel für die Eifel!

Manchmal schaltet Buddy Schladerbotz live zum Kegelclub »Hell's Keglers« in die Dorfkneipe, und am Samstag überträgt er alle Fußballspiele des »SV Kleinholz«. Sollten Sie in der Osteifel unterwegs sein, empfehlen wir, darauf zu achten, dass Sie Ihr Autoradio ausgeschaltet haben. Es könnte immerhin sein, dass Sie unabsichtlich in den Sendebereich von »Hitradio Eifel 66,5« geraten.

Ohne Hemd und ohne Höschen

Der Nacktbadestrand am Frengelsmaar

Das Eifelwetter erlaubt keine lange Badesaison, aber die beständig ansteigenden Temperaturen bescheren zumindest den zu erwartenden Nebeneffekt, dass sich das in der Zukunft ändern könnte. An die Freikörperkultur-Anlage »Eifel-Nudestanten-Club« am Frengelsmaar zwischen Manderscheid und Kyllburg trauen sich zumeist nur Touristen heran. Die Eifeler selbst wagen es im heimischen Umfeld kaum, in der Öffentlichkeit die Hüllen fallen zu lassen. Zu Spitzenzeiten sind es gerade einmal vierzig bis fünfzig Besucherinnen und Besucher, die sich hier ungeniert für ein paar Sonnenstunden so geben, wie der liebe Gott sie geschaffen hat. Ganz zwanglos planschen sie im kristallklaren Wasser, tollen auf der Liegewiese herum oder spielen Federball oder Bockspringen.

Winni Wüpperich, der Betreiber der Frittenbude am Nacktbadestrand, ist mit dem Geschäft sehr zufrieden. Mehr Gäste müssen es für ihn gar nicht sein. »Dann müsste ich ja viel mehr Lebensmittel einkaufen, und die hohen Energiepreise lassen mir ja sowieso kaum was übrig. Gastronomie lohnt sich nicht.« Warum er trotzdem den defizitären Imbiss betreibt, verrät er nicht jedem. Das Geheimnis seines Erfolgs möchte er nicht an die große Glocke hängen.

Nach intensivem Nachfragen weist sein ausgestreckter Finger in die Wälder oberhalb des Strands. »Hochsitze«, erklärt er mit einem schelmischen Grinsen. »Da. Dort. Da hinten. Und auch da, da und da. Man sieht sie kaum, und das ist ja auch gut so.«

Nicht weniger als achtunddreißig Hochsitze nennt Wüpperich rund um den Kratersee sein Eigen. Sie sind strategisch so positioniert, dass ein ungehinderter Blick auf den FKK-Strand garantiert ist. Er vermietet sie im Halbstunden-Takt für 50 bis 100 Euro, je nach Sonneneinfall. Digital ferngesteuerte Zahlenschlösser erlauben ihm, Vermietung und Zugang bequem vom Laptop zwischen Fritteuse und Currywurstschredder organisieren zu können.

Er verleiht gegen eine geringe Gebühr auch Ferngläser und hat zusätzlich an Wanderwegen und Rastplätzen Teleskope mit Münzeinwurf aufgestellt.

In Herbst, Winter und Frühjahr schließt er seine Bude, vermietet die Hochsitze an Jäger und widmet sich verstärkt den acht Sonnenstudios, die er eifelweit betreibt. Auch wenn die Pause lang erscheint, hat er doch am Frengelsmaar genug zu tun. Alles muss beständig freigeschnitten werden.

Die textilfreie Bademode am Maar ist einfach zeitlos. Der »Eifel-Nudestanten-Club« feiert demnächst tatsächlich schon sein hundertjähriges Bestehen.

Wüpperich baut viele Hochsitze, arbeitet aber auch in einem abgezäunten Waldstück an einer neuen Attraktion: eine elf mal vier Meter große Aussichtsplattform mit ansteigenden Sitzreihen.

Ein Wal wird kommen

Salzwasser im Läusebach-Maar

Lange Zeit haben Wissenschaftler gerätselt, wie es kommen kann, dass ein Eifeler Binnengewässer, das sich knapp 280 Kilometer von der nächsten Meeresküste entfernt befindet, mit einem ähnlichen Salzgehalt ausgestattet ist wie die Nordsee. Es ist kaum zu glauben, aber wahr: Im kleinen Läusebach-Maar misst man einen Jahresmittelwert von etwa 35 Gramm Salz auf einen Liter Wasser, was einer Salinität von etwa 3,5 % entspricht.

Als dieses Phänomen im Jahr 1983 zum ersten Mal festgestellt wurde, war die Sensation perfekt. Die Touristen kamen in Scharen. Eine Strandbar eröffnete, und Reiseveranstalter boten Badeurlaub am Eifelstrand an.

Dr. Bernward Müller-Gernegroß vom Institut für Gewässerökologie war sich sicher: »Eine tektonische Verwerfung am Hauptschlot sorgt für eine Umstrukturierung im Sediment des trichterförmigen Maargrunds und im Kapillarnetz des Vulkangesteins. Eine unterirdische Verbindung ist entstanden, wie beim Loch Ness. Der Anstieg des Meeresspiegels und die Diffusion zwischen Maar- und Meerwasser führen zur Versalzung. Es wird nicht lange dauern, bis wir die ersten Salzwasserbewohner hier haben. Vom Hering bis zum Wal ist da alles drin. Wenn das nicht so sein sollte, hänge ich meine Professur an den Nagel und züchte auf Helgoland Backenhörnchen!« Müller-Gernegroß widmet sich inzwischen voll und ganz der Backenhörnchen-Zucht auf Helgoland.

Als echte Ursache der geophysischen Abnormität wurde inzwischen Franz-Ludwig Ulfsack, ehemaliger Beamter der Bundespost, ausgemacht. 1974 wurde er aus dem Postbeförderungsdienst entlassen, weil er anderthalb Jahre lang sämtliche Briefe und kleine Paketsendungen nicht den entsprechenden Adressaten zustellte, sondern stattdessen in seiner Garage hortete. Er fand zwei Jahre später einen Aushilfsjob als Medikamentenfahrer einer Apotheke in Wittlich, wurde aber schon nach drei Monaten entlassen, weil er die ihm anvertrauten Arzneimittel nicht bei den Haushalten der Patienten ablieferte, sondern stattdessen im Keller des Hauses seiner Mutter verbarg. Im Herbst des Jahres 1979 trat er seine bislang letzte Stelle als Streudienstfahrer bei der Straßenmeisterei Daun an und wurde vier Winter später entlassen, als das Wasser des Läusebach-Maars inzwischen einen Salzgehalt von 3,5 % aufwies und auch bei 20 Grad minus nicht mehr zufror.

Es wird berichtet, dass Ulfsack sich kürzlich auf eine Stelle als Pizzabote beworben hat.

Will auch im knackekalten Eifel-Winter einfach nicht zufrieren: das Läusebach-Maar in der Vulkaneifel

Tapeten-Trauma

Das Fremdenzimmer-Museum in Knoesel

Wer vor Nostalgie der erbarmungslosen Art nicht zurückschreckt, hat möglicherweise seine Freude am Besuch des Erlebnis-Museums, das vom »Arbeitskreis unnötiger Eifelmuseen« im Schneifel-Dörfchen Knoesel in der früheren Pension Strohkopf eingerichtet wurde. Die strukturell gegeneinander laufenden Muster von Tapete, Vorhangstoff, Bettwäsche und Teppichboden in mulmigen Pastelltönen korrespondieren konträr mit dem Mobiliar in Resopal und Eiche brutal und der Raufaserdecke in Nikotingelb. Der Minimalfernseher, der gefühlte zweihundert Meter vom Bett entfernt positioniert ist, empfängt ARD, WDR und SWR (mit Schnee).

Die Badezimmer sind mit stumpfen Porzellanwaschbecken, oxidierten Mischbatterien und rissigen Seifenstücken ausgestattet. Eine Dusche mit stockfleckigem Vorhang und verkalktem Brausekopf gehören ebenso dazu wie ein Fliesenspiegel mit traumatisierendem Marmormuster und schwarz melierten Fugen. Der rot glühende Heizstrahler sorgt für gleichbleibend heiße Kopfhaut, die bis zu fünfzehn Zentimeter dicken, dauerfeuchten Synthetikfasern des Vorlegers für den üppigen Wuchs des Fußpilzes.

Aufbackbrötchen, Portionsbutter und fruchtlose Erdbeermarmelade in nicht zu öffnenden Döschen lassen neben dem Pumpkannenkaffee originales Pensions-Frühstücksfeeling aufkommen. Der Volksempfänger sorgt für elektromagnetische Störgeräusche eines Langwellensenders mit dezentem musikalischem Hintergrund.

Bei Vollpension erwartet die Gäste ein saisonal wechselndes Mittagessen. Vom 1. Januar bis 28. Mai Schweinebraten mit Salzkartoffeln und Erbsen und Möhrchen, am 29. Mai Schweinebraten mit Salzkartoffeln und Spargel, vom 30. Mai bis 23. Dezember Salzkartoffeln mit Schweinebraten und Erbsen und Möhrchen und vom 23. bis 31. Dezember Printen.

Was am Nachmittag der durchgesuppte Schwarzwälder Kirschkuchen an Feuchtigkeitsüberschuss vorweist, fehlt dafür dem Rodonkuchen. Der überraschend transparente Kaffee steht aber zum Eintunken des Gebäcks bereit. Für Gäste, denen diese Technik zu umständlich erscheint, sind bereits Kuchenbröckchen in den Kaffee eingestreut.

Abends schließlich erwarten den Gast Hagebuttentee, Graubrot, eine gewellte Scheibe Bierwurst und eine gebogene Scheibe Gouda. An der Hausbar wird anschließend ein regionaler Schnaps mit 68 % Alkoholgehalt ausgeschenkt, der die psychedelische Wirkung der Zimmertapete verstärkt.

Ein Doppelzimmer kostet zwischen 48 und 75 Euro, was in etwa den Gegenwert der kompletten Einrichtung darstellt. Der Preisunterschied hängt vom Vorhandensein eines Betts ab.

In Zimmer 13 wurde im Sommer 2019 ein No-Escape-Room eingerichtet, aus dem man ohne fremde Hilfe nicht mehr herauskommt. Und die kostet 147 Euro die Stunde (ggf. plus Wochenendzuschlag).

Die Eifel - ein Schnäppchen!

Der Verscheuer Vertrag

Der Zweite Weltkrieg war vorbei, die Annexion mehrerer grenznaher Gebiete der Eifel wurde von den Nachbarländern gefordert und teilweise auch vollzogen. Im Gasthof »L'Auberge Jabraque« im deutsch-luxemburgischen Grenzort Verscheu kam es am 27. August 1949 zu einem Zwischenfall, der bislang aus den Geschichtsbüchern herausgehalten wurde.

Der kleine Ort Verscheu war im Krieg mehrmals hin und her gegangen, aber zum Zankapfel geriet er eigentlich erst nach Kriegsende. Aber nicht weil ihn jedes Land, sondern weil ihn keines haben wollte! Die Verscheuer gelten als nicht anpassungsfähig, streitlustig und beispiellos arbeitsscheu.

Ein geheimes Treffen zwischen dem Außenminister Luxemburgs und dem deutschen Bundesminister der Angelegenheiten des Marshallplans wurde anberaumt. Schauplatz der Vertragsverhandlungen sollte jener Gasthof in Verscheu sein, der damals Josianne Bollerbach gehörte, einer Kriegerwitwe mit zweifelhaftem Ruf. Ziel war die Regelung, den Ort in geraden Jahren Luxemburg und in ungeraden Deutschland zuzuschlagen. Sowohl dem deutschen als auch dem luxemburgischen Minister aber war offenbar nicht ganz wohl bei dieser Sache, und so schickten sie stellvertretend zwei Legationsräte. Doch auch diese hatten Besseres zu tun, als in das verrufene Kaff zu reisen, und entsandten ihre persönlichen Sekretäre. Die sich ebenfalls nicht zuständig fühlten. Am Ende saßen ein luxemburgischer Chauffeur und ein Bonner Telefonist zusammen an einem klebrigen Kneipentisch, stürzten ein Bier nach dem anderen hinunter, schoben das Vertragswerk hin und her und kritzelten darin herum.

Mit dem steigenden Alkoholpegel wurden die Ausarbeitungen der Details immer mutiger und unleserlicher. Und als die beiden gegen 22.45 Uhr haubitzenvoll hinauswankten, hatten sie mangels Bargeld kurzerhand mit dem beiderseitig unterschriebenen Vertrag bezahlt. Die Wirtin Bollerbach witterte die Chance ihres Lebens und bearbeitete die beiden final mit anderthalb Flaschen Schlehenbrand, sodass sie ihr gleich die gesamte Eifel übereigneten. Es wurde also beschlossen, auf allen 47 Seiten paraphiert und besiegelt: Josianne Bollerbach gehörte von nun an die gesamte Eifel.

Zwar wurde der Vertrag schon zwei Tage später annulliert, aber die nationale Identität von Verscheu ist bis heute nicht geklärt. Deshalb sollte man einfach nicht hierherreisen. Es gibt keine Post, keinen Kanal, keine Polizei und keine Müllabfuhr.

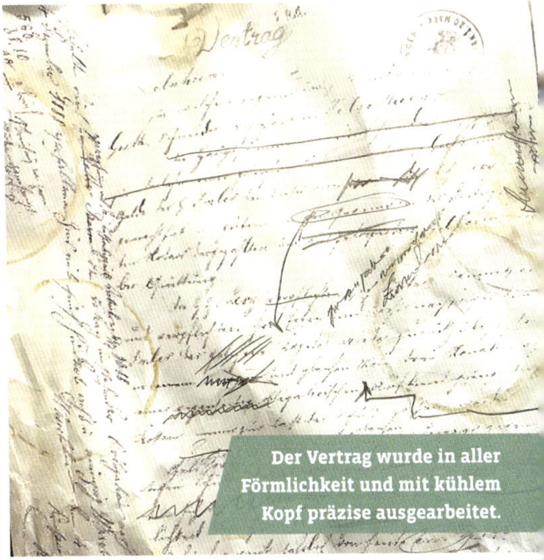

Der Vertrag wurde in aller Förmlichkeit und mit kühlem Kopf präzise ausgearbeitet.

Die Witwe Josianne Bollerbach wusste schon immer gut an das Geld ihrer Gäste zu kommen. In diesem Fall nahm sie ganz unbürokratisch einfach die komplette Eifel in Zahlung.

Was nicht tötet, härtet ab

Der VHS-Kurs »Eifeler Unsitten«

Man sollte über ein großes Maß an Zeit verfügen und auch über die Bereitschaft, diese mit einer sinnlosen Tätigkeit totzuschlagen, ansonsten ist man in den Räumen der VHS Bad Kummergram in der Rureifel fehl am Platz.

Zwischen Schulungen wie »Figürliches Schnitzen aus Briketts«, »Kalte Küche mit Flechten und Baumrinde« oder »Beinprothesen selbstgebastelt« findet sich der exzeptionelle Kurs »Eifeler Unsitten«, den der Brauchtumsforscher Dr. Arthur Drüsentrieb ganzjährig anbietet. Der Kurs ist immer schon auf mindestens drei Jahre ausgebucht und beleuchtet erfolgreich Vergangenes und Vergessenes, deren Renaissance nach Einschätzung des Kursleiters unmittelbar bevorsteht: »Es war nicht alles schlecht«, ist sein Credo, wenn er beispielsweise alte Tisch-Unsitten wie das Kauen mit offenem Mund, die Tafelmusik der Darmwinde oder den multifunktionalen Nachttopf vorstellt. Im Ernährungsbereich propagiert er beispielsweise das natürliche Panieren auf dem Küchenboden und ganz allgemein den ungetrübten Genuss verdorbener Lebensmittel durch fortwährende Magenabhärtung. Auch unterzieht er die nach seiner Einschätzung kurzlebigen Modetrends Hygiene, Tierschutz, Emanzipation und Nachhaltigkeit einer überaus kritischen Betrachtung. Er bemüht sich auch um die Neubelebung alter Eifeler Bräuche wie der Hausschlachtung familiärer Pflegefälle oder stellt an praktischen Beispielen im Straßenverkehr die Grundrechenarten zur Kalkulation der Mindestgeschwindigkeit bei exponentiellem Alkoholgenuss und die damit verbundene Kurvenbrechung vor.

Auch die Gesetze des Eifeler Sozialverhaltens liegen ihm am Herzen. Welche Vorteile bot in der Vergangenheit beispielsweise das beliebte Konzept »Unser Genpool bleibt Familiensache«?, fragt er, oder er widmet sich der Überlegung, dass der kulturelle Austausch zwischen Nachbardörfern stets unkalkulierbare Risiken birgt. Dem Phänomen der »Eifeler Kirmesschlägerei« nähert er sich nicht nur mit theoretisch-taktischen Ausführungen, sondern erprobt auch mit den Kursteilnehmern in mehreren praktischen Übungen, wie sie mit wenigen Handgriffen das Verletzungspotenzial steigern können. Weitere Übungen beschäftigen sich mit dem »Weitspucken«, dem »Schwarzbrennen« oder dem »Betuppen« beim Kartenspiel und bei unterschiedlichen Bezahlvorgängen.

Schon Pitter Brueggelboeggel d. Ä. schilderte auf seinen Gemälden detailgetreu das Eifeler Kirmesfest.

Dr. Arthur Drüsentrieb hat 217 Ordner voller Eifeler Unsitten. Auch dabei: das Trinken direkt aus der Flasche.

Hopp, hopp, ihr lahmen Säcke!

Eine Känguru-Wanderung in Gremlich

Die Bankkauffrau Beatrice Rose-Gürtel trat 2011 nach Ende ihrer Ausbildung den lukrativen Job in Frankfurt erst gar nicht an und zog stattdessen in die Eifel. Im kleinen Ort Gremlich südwestlich von Bad Münstereifel gründete sie eine Känguru-Zucht. Mit elf Tieren knüpft sie an ihr altes Business-Netzwerk an und bietet für gestresste Mitarbeiter in Führungspositionen Känguru-Wanderungen an. Bis zu drei Meter hoch und zwölf Meter weit können Kängurus springen. Sie erreichen selbst auf hindernisreichem Gelände eine Geschwindigkeit von bis zu 70 Stundenkilometern.

»Das bringt die verschnarchten Sesselfurzer mal so richtig auf Trab«, schwört Beatrice Rose-Gürtel. »Wenn die Tiere nach mehreren Tagen aus ihrem Gehege ins Freie entlassen werden, geben sie so richtig Gas. Da kriegen Mr. Wichtig und Dr. Großkotz gezeigt, was für Lahmärsche sie sind.«

Sehr wichtig für den nachhaltigen Erfolg der therapeutischen Unternehmung ist, dass Mensch und Tier gewissermaßen miteinander verschmelzen. Zu diesem Zweck bekommen die Investment-Banker, Unternehmensberater, CEOs und Finanzinvestoren ein Einspänner-Brustblattgeschirr aus reißfestem Nylon umgeschnallt. Zur Wahl stehen zusätzlich ein Knotenhalfter, ein Zaumzeug mit Trense oder ein Kandarenzaum mit Gebissstück. Mit zwölf Karabinerhaken werden sie dann am Halsband des Kängurus festgezurrt. Zum Springen drückt das Känguru den Körper mit beiden Beinen gleichzeitig vom Boden ab. Damit der Körperschwerpunkt zügig unter die Hauptvorschubkraft gelangt, benutzt das Tier zum Ausbalancieren seinen langen Schwanz.

»Den benutzen die feinen Herren normalerweise zum Denken«, lacht Beatrice Rose-Gürtel garstig. »Und man kann von Glück sagen, dass sie bei der Fortbewegung im Alltag nicht auf ihr kleines Ding angewiesen sind.«

Wenn die Tiere losgelassen werden, beginnt die wilde Wanderung im fliegenden Galopp. Kaltgetränke und Pausensnacks befinden sich im Beutel des Tiers, werden aber so gut wie nie angetastet. Den Weg bestimmt allein das Känguru, eine völlig neue Erfahrung für die Männer aus der Finanzwelt. Normalerweise bestimmen sie, wohin es geht und wann es endet. Hier können sie auch lernen, wie es sich anfühlt, wenn man gezwungen wird, sein Tempo anzupassen. Überhaupt lernen sie viel während einer solchen Tour, die je nach Temperament des Tieres schon einmal zehn bis fünfzehn Stunden dauern kann und selten dort endet, wo sie begonnen hat.

Kängurus wissen oft nicht wohin mit ihrer Kraft. Im günstigen Fall verlieren die Banker langjährige Verspannungen und gravierende Haltungsschäden. Wenn es aber schlecht läuft, sind danach die durch die Wanderung hervorgerufenen Prellungen, Verstauchungen und Traumata schlimmer. Es kam auch schon zu Querschnittslähmungen.

Verschüttete Schätze

Die Grabungen vom Freckerthof

Wer an dem Aussiedlerhof Freckert zwischen Oberödesheim und Unterödesheim südöstlich von Prüm vorbeifährt, kann unter Umständen im Morgendunst eine Gestalt sehen, die missmutig über die Felder stapft. Hannshellmut Freckert ist dann wieder einmal auf seinem Acker, um Erdöl, Kupfer, Gold oder einen anderen Bodenschatz zu finden, der ihm aus der finanziellen Not heraushilft. Er hat gehört, dass es so etwas im Eifelboden geben soll. Wenn er versucht, Sie anzuhalten, sollten Sie weiterfahren, bevor er Ihnen etwas von dem Ramsch aufdrängt, den er ausgegraben hat.

Der Ertrag seines Hofs ist erbärmlich, da er nie begriffen hat, wie das mit der Landwirtschaft eigentlich abläuft. Daher setzt er eine gewisse Hoffnung in die Dinge, die möglicherweise in seinen Äckern schlummern. Mit einem Metalldetektor zog er los, und es dauerte auch nicht lange, bis das Gerät ein akustisches Signal hören ließ. Und Freckert grub. Bis zum frühen Mittag fand er Gewehrpatronen, eine Hundemarke, eine Zahnspange, eine Schuhcremedose und einen Briefbeschwerer mit Hakenkreuz. Er grub weiter. Am Abend war er schließlich Besitzer einer verbeulten Zinkwanne, einer halben Beinprothese und einer zerrütteten Panzerfaust.

Immer wieder stieß er auf der Suche nach dem kostbaren Metall auf Hindernisse. Häufig waren es Knochen, die er auf einen Haufen warf, oder Fossilien, manche so groß wie Kohlköpfe. Er musste einen Steinsarg beiseite räumen und eine Marmorskulptur ohne Arme. Sehr zu seinem Ärger, denn all das behinderte ihn bei der Suche nach dem Metall.

Zusehends wuchs die Ansammlung von wertlosem Unrat. Er fand umgekippte Säulen, die aussahen wie aus einem Asterixheft – steinalt, überall angemackt und zu nichts nütze. Und Knochen, immer wieder Knochen! Bemalte Tonscherben, Streitäxte, stumpfe, verrostete Messer, uralte Helme, wie sie heute kein Mensch mehr tragen will.

Eine verschüttete Mauer, vermieste ihm fast einen ganzen Monat lang das Graben. Beim Versuch, sich drumherum zu arbeiten, stieß er auf einen Fliesenboden mit total unmodernem Muster, auf löchrige Tonröhren, eine steinerne Badewanne und immer wieder auf Knochen. Nach dem zweiten Alabasterthron und dem dritten Streitwagen verließ ihn schließlich der Mut. Freckert hat inzwischen alles wieder untergepflügt und versucht es doch noch einmal mit Mais.

Aus lauter Langeweile legte Hannshellmut Freckert an einem verregneten Sommertag die gefundenen Knochen einfach mal aneinander.

Enttäuschend wertloses Zeug: Uralte, verschrammte Münzen, die heute keiner mehr als Zahlungsmittel akzeptiert, Helme in der falschen Hutgröße und überall verrottete Mauerreste.

Danke für Ihre Geduld

Die älteste Straßenbaustelle der Eifel

Sollten Sie von Kelberg nach Monreal fahren wollen, wählen Sie auf keinen Fall die Strecke zwischen Ranzbach und Sübbel! Es gibt mehrere Alternativrouten, die zwar einige Kilometer länger sind und etwas mehr Fahrzeit benötigen, aber es lohnt sich. Hier ist nämlich einfach kein Weiterkommen, denn hier stoßen Sie auf die älteste Straßenbaustelle der Eifel!

Zuerst wird die Fahrbahn durch eine etwa sechs Kilometer lange Allee vergammelter Pylone und Warnbaken in verschiedenen Stadien des Verfalls verengt, bevor Sie irgendwann gegen Mittag den eigentlichen Ort des Geschehens erreichen. Aus der entgegenkommenden Richtung verhält es sich ebenso. Die Baustelle selbst ist nur etwa sechzehn Meter lang.

Sollten Sie die wohlmeinende Warnung in den Wind schlagen, werden Sie alle Zeit der Welt haben, um das Geschehen an diesem außergewöhnlichen Platz einmal in aller Ruhe zu studieren. Sollten Sie jemals das quälende Gefühl gehabt haben, irgendwo an einer Straßenbaumaßnahme zu lange warten zu müssen, werden Sie hier erfahren, was Warten wirklich bedeutet. Sie werden Arbeiter sehen, die sich – wenn überhaupt – bewegen, als wateten sie durch ein Schwimmbecken voll Sülze. Bauarbeiter, deren Kleidung teilweise längst aus der Mode gekommen ist, deren Frisur und Gesichtsbehaarung von längst vergangenen Zeiten erzählen. Hauptsächlich ist hier die Firma Hoch & Tiefbau Gebrüder Schnarch mit den Erdarbeiten betraut. Die Ampel wird noch mit Karbid betrieben, die Dampfwalze macht ihrem Namen tatsächlich alle Ehre, und die Hinweisschilder sind zum großen Teil noch in Sütterlinschrift abgefasst.

Wann genau die erste Tätigkeit hier einsetzte, ist heute nicht mehr genau zu verifizieren. Unterlagen, die das belegen könnten, ruhen bestenfalls noch in alten Archiven. Aus ihnen könnte möglicherweise auch ein Hinweis zu entnehmen sein, um welche Art von Reparatur oder Umbau es sich hier überhaupt handelt.

Außerdem muss nicht nur vor der Baustelle gewarnt werden, sondern ebenso vor den ausgeschilderten Umleitungen. Mit teuflischem Kalkül sind diese so ausgetüftelt worden, dass sie in verschiedenen Schleifen großräumig um die Baustelle herumleiten, einander mehrfach kreuzen und mitunter zu weiteren Umleitungen abzweigen, die teilweise ins Nichts führen und einen in allen anderen Fällen immer wieder zu der zu umgehenden Straßenbaustelle zurückbringen.

Die Baustelle soll demnächst mit sämtlichen Gerätschaften und dem zum Teil historischen Baumaterial unter Flächen-Denkmalschutz gestellt werden.

Hannes Lutschohr (rechts) hat hier seinen ersten Ferienjob gehabt, später die Lehre absolviert und wird demnächst in den Ruhestand verabschiedet.

Achtung statt Achtsamkeit

Spaziergang auf dem Truppenübungsplatz

Spüren Sie, auf welche Art Ihre Fußsohlen den Boden berühren? Sind es die Fersen oder der Vorderfuß, der mehr belastet ist? Haben Sie die Beine durchgedrückt, stehen Sie gerade oder gebeugt? Ist Ihr Körper entspannt oder bereit, die Befehle, die der Geist ihm gibt, zu befolgen?

Gerade Letzteres ist angeraten, wenn Sie schon unbedingt an dem Achtsamkeitsspaziergang der VHS Randeifel teilnehmen wollen.

Auf dem Truppenübungsplatz Wammsfeld im deutsch-belgischen Grenzgebiet wird wöchentlich geübt. Die Truppen der nahen General-Zorngiebel-Kaserne schleichen dort durch den Wald, üben den bewaffneten Stellungskampf in den größtenteils zerstörten Gebäuden des verlassenen Weilers Wammsfeld und brechen im Minutentakt und unter elementarem Lärm mit Panzerhaubitzen und Jagdpanzern durch das Unterholz. Eine Ampelanlage an der Zufahrtsstraße signalisiert in dieser Zeit zur Sicherheit mit grell leuchtendem Rot, dass das Gelände für Fußgänger und Autofahrer unpassierbar und der Zutritt verboten ist.

Jede zweite Woche allerdings wird diese Ampel aus Energiespargründen abgeschaltet. Diese Zeit nutzt die Volkshochschule, um hier ihre beliebten Achtsamkeitskurse abzuhalten. Die Teilnehmer lernen zu lauschen, zu tasten, zu spüren, denn sobald der erste Schuss durch den Wald schallt, heißt es losrennen.

Dieser Spaziergang ist eine Herausforderung für alle Sinne.

Was streicht dort über das Blau des Himmels? Sind es Schönwetterwolken oder ist es Pulverdampf? Was scheucht den Eichelhäher auf? Eine Wildkatze oder ein Leopard II? Wonach riecht die Waldluft? Nach Fichtennadeln oder nach Kordit? Was ertastet die Fußsohle auf dem laubbedeckten Boden? Einen Parasolpilz oder eine Tretmine?

Wer sich auf diesen Spaziergang einlässt, wird wieder zu sich selbst finden – wenn er ihn überlebt. Die Sinneseindrücke während dieser Stunden werden zusätzlich verstärkt, indem Mobiltelefon, Kompass und Kartenmaterial im Auto verbleiben und man sich voll und ganz auf die verwirrende Gleichförmigkeit des Mischwalds einlässt, die gewährleistet, dass man orientierungslos herumirrt und vom unablässig aufblitzenden Mündungsfeuer des Militärgeräts umhergetrieben wird. Der Instinkt, der uns im Alltag abhandengekommen ist, wird hier wieder gefordert, hilft einem aber bei dem Versuch, sein Leben zu retten, auch nicht wirklich weiter.

Strahlende Gesichter am Rande des deutsch-belgischen Gemeinschafts-Truppenübungsplatzes. Stress und Hektik werden beim Achtsamkeitsspaziergang jeglichen Schrecken verlieren.

Das wohlige Gefühl, das sich einstellt, wenn irgendwann am Abend die Munition aufgebraucht ist und die Panzertanks leergefahren sind, ist pures Glück.

Ich sehe was, was du nicht siehst

Das Orakel von Elfi

Wer auf Zeitungshoroskope schwört und gerne AstroTV guckt, der landet zwangsläufig auch irgendwann bei Elfi Fussel, die ihren Imbisswagen auf einem Rastplatz an der B51 bei Blankenheim aufgestellt hat. Sie ist Wahrsagerin, aber anders als ihre Kolleginnen benutzt sie weder Karten noch Glaskugel. Elfi liest die Zukunft aus halben Hähnchen und Nudelsalat.

Seit ihrer Kindheit hatte Elfi – eines von neun Kindern der Familie Fussel – diese Gabe. Angeblich hat sie sie von der Mutter geerbt, die stets Ohrfeigen voraussah oder Hausarrest prophezeite. Was Mutter Fussel vorhersagte, trat immer ein.

Wenn Elfi Fussel sich heute in ihrer Imbissbude langsam im Takt des Schlagerradios hin und her wiegt, die Lieder von Roland Kaiser und Nana Mouskouri mitsummt und dabei vom Fritteusendunst umwabert wird, dann hat sie etwas von der antiken Priesterin, die sich im Trancezustand in den Dämpfen wiegte, die aus der Erdspalte um sie herum aufstiegen.

Ihre Kunden bestellen mit großer Selbstverständlichkeit einmal Fritten mit doppelt Mayo und die kommenden Lottozahlen oder Currywurst im Brötchen und die zu erwartende Zinsentwicklung. Banker kommen ebenso zu ihr wie die ortsansässigen Bauern. Diese schenken ihren Vorhersagen zum kommenden Wetter Glauben – möglicherweise, weil sie ausreichend ungenau sind. An der Schwärze der angekohlten Bratwurst liest sie die Tagestemperatur ab, an der Zahl der Eierscheiben im Kartoffelsalat die zu erwartende Ernte.

Ihr Ruf als Hellseherin gilt weit über die Eifel hinaus. Berühmte Schauspieler beispielsweise kommen zu ihr und fragen um Rat bei neuen Rollenangeboten. Elfi Fussel wirft dann ein paniertes Schnitzel. Fällt es auf die Oberseite, rät sie dringend ab, fällt es auf die Unterseite, winkt womöglich sogar eine Oscar-Nominierung. Was Ober- und Unterseite ist, erkennt nur das geschulte Auge der Wahrsagerin.

Früher kamen auch häufig die Politiker aus Bonn, um sich vor komplizierten West-Ost-Gesprächen oder in heiklen Fragen der Abrüstung Elfis Weissagungen einzuholen. Die Ausarbeitung des Nato-Doppelbeschlusses zum Beispiel basierte zum großen Teil auf ihrem berühmten Frittenorakel, bei dem sie statt Runenstäbchen immer die Pommes Frites wirft.

Elfi orakelt auch aus halben Hähnchen, und wenn ihr der Kunde beim Bezahlen das Geld reicht, liest sie ihm noch rasch aus der Hand: »Ausgeprägte Sonnenlinie – großer Wohlstand. Gebogener Daumen – Großzügigkeit. Kurze Finger – schön naiv. Also los, leg mal nen Zehner drauf!«

Hauptsache, es knallt

Natur-Rauschgift made in Grindhausen

Durch die geografische Nähe zu einem Nachbarland mit bekanntermaßen entspanntem Umgang mit Rauschmitteln gilt die Eifel in gewissen Kreisen als Drogen-Eldorado. Aber egal, was man Ihnen auch empfohlen haben sollte: Klingeln Sie nicht bei Arno und Bernd Halbärmel in Grindhausen zwischen Wittlich und Salmtal! Von all den Dealern, die in der Eifel heimlich ihr Unwesen treiben, sind die beiden Brüder die Ungeeignetsten, um Ihnen körperliche und seelische Erleichterung zu verschaffen.

Die Halbärmels handeln mit sogenannten Eifel-Drogen. Das klingt zunächst gut und empfehlenswert, weil regional und direktvermarktet. Diese Stoffe sind frei zugänglich, und mit ihrer Verbreitung verstoßen die Brüder nicht gegen das Betäubungsmittelgesetz, jedoch gegen jede Sitte und jeglichen guten Geschmack. Im auffallend unfortschrittlich ausgestatteten Drogenlabor im Gartenhäuschen ihrer Großmutter mütterlicherseits experimentieren die beiden mit Stoffen aus Haushalt und Landwirtschaft.

Alles, was man hier käuflich erwerben kann, hat für den versierten Konsumenten Anklänge an Bekanntes und Bewährtes.

Papierummantelte, tütenförmig gerollte Tabakwaren mit einer Beimengung von etwa 0,32 Gramm getrocknetem Kuhdung beispielsweise rufen Bewusstseinsstörungen hervor und führen auch für mehrere Stunden zur Fahruntüchtigkeit – allerdings weniger wegen des erhofften Rauschzustands, sondern eher wegen des postwendend auftretenden Brechdurchfalls.

Gülle-Filtrate, die auf Ampullen gezogen zur Injektion bereitgehalten werden, sorgen unter Garantie für ein schnelles Weggetretensein.

Als Schnüffelstoffe empfehlen die Gebrüder Halbärmel die Inhalation verschiedener Mundgerüche oder durchaus halluzinogen wirkender Ausdünstungen einer männlichen Achselhöhle. Angeblich soll ein Aufguss aus Landarbeitersocken für den bekannten Lachflash sorgen. Der oft simultan auftretende Fressanfall hingegen bleibt unter Garantie aus.

Als Eifel-Opium propagieren sie eingedickten und getrockneten Löwenzahnsaft. Krümel und Flusen aus den Sofaritzen zur Pillenform gepresst, stellt ihren Versprechungen zufolge die vollwertige Alternative zu Speed, Crack und Ecstasy dar. LSD-Konsumenten empfehlen sie pulverisierten Pferdehuf.

Alles, was sie zum Verkauf anbieten, haben Arno und Bernd Halbärmel bereits am eigenen Leib ausprobiert, und genau so sehen sie auch aus. Allein dies sollte als Abschreckung völlig ausreichend sein.

Kaffeefahrt ins Glück

Willkommen im Heizdecken-Mekka!

Der Gasthof Murkel in Oberbusenberg am Elzbach wirkt einladend und gepflegt. Doch Vorsicht! Sollten zwei oder drei Busse auf dem Parkplatz stehen, raten wir Ihnen, unbedingt aufs Gaspedal zu treten. Die Fahrzeuge gehören zumeist zur Flotte des Busunternehmens Zaster-Reisen aus dem nordnordöstlichen Südwestfalen, die ebendiesen Gasthof ansteuern, speziell wegen des Veranstaltungssaals, in dem ansonsten Hochzeiten, Kommunionfeiern, Beerdigungskaffees und Tantrakurse stattfinden.

Sie könnten von der Welle von Busreisenden mitgerissen, in den Saal gespült und dort mit ihnen eingesperrt werden. Sie sind samt und sonders siebzig Jahre und oft deutlich älter, bedürfen einer Gehhilfe und haben mit der Buchung einen Passus unterschrieben, der es ihnen bei Strafe verbietet, Widerworte zu geben. Die alten –, mitunter sowieso schon entmündigten Leute haben bereits eine elfstündige Non-Stop-Anreise hinter sich – eine erste Maßnahme, um sie mürbe zu machen und ihren Willen zu brechen.

Heinz K. (43), der Moderator des nun folgenden bunten Nachmittags, erlaubt nicht, dass Fotos von ihm gemacht werden. Viele Jahre hat er als Schließer in der JVA Werl gearbeitet und ist bei »Wetten, dass ...?« aufgetreten, wo er Splatterfilme am Schrei der Hauptdarstellerin erkennen konnte. Er umwirbt die Gäste zunächst mit schlüpfrigen Witzen, dünnem Kaffee aus der Pumpkanne und der selbst umgetexteten Version eines Udo-Jürgens-Hits: »Mit 76 Jahren, da hört es langsam auf«.

Und eine halbe Stunde nach der Ankunft geht es dann schließlich nur noch ums Geschäft. Heinz K. verrät: »Was zählt, ist die Quote. Auf 49 Senioren pro Tour kommen 55 Heizdecken. Zusätzlich stehen pro Kopf noch je ein 69-teiliges Topfset, vier Zeitschriftenabonnements, ein Werkzeugkoffer und dreieinhalb Kilo Dauerwurst zur Verfügung. Wir Moderatoren werden von der Geschäftsführung unter Androhung einer hohen Konventionalstrafe dazu verpflichtet, eine Verkaufsquote von 95 % nicht zu unterschreiten, und haben die Erlaubnis, alle dazu nötigen Mittel einzusetzen. Wenn jemand sich weigert, das ihm zugewiesene Kontingent zu erwerben, muss sein Sitznachbar die doppelte Menge kaufen. Das haben die Senioren übrigens auch unterschrieben.« Er lacht verhalten. »Es klingt verrückt, aber sollte zwischendurch jemand versterben, ist das gut für den Verkaufsmoderator. Bei zwei oder drei Abgängen erreichen wir manchmal im Handumdrehen eine Verkaufsquote von 97 oder 98 %.«

Heinz K. (unten) plaudert beim Alkohol gerne aus dem Nähkästchen: »So ne Heizdecke heißt jetzt Bio-Infrarot-Thermo-Unterbett Energieklasse 5 KV. Auf Wunsch mit Akku oder Starkstrom. Gerade letztere Version schenken gerne die Erben zu Weihnachten.«

Nach der Anreise im Bus von Zaster-Reisen sind die Senioren schon völlig am Ende.

Grüße vom Nachbarplaneten

Die Kornkreise des Uli Kneutgen

Am 21. August 1988 macht Landwirt Uli Kneutgen seine morgendliche Kontrollfahrt über die Felder im Bitburger Gutland. Seine Laune ist schlecht. Er hat sich am Telefon schon mit dem Nachbarn Fränz um geliehenes Handwerkszeug gestritten, dann hat er wegen der vermaledeiten Straßenbaustelle eine elende Umleitung nehmen müssen und ist schwer in Zeitverzug. Dies wird kein Tag wie jeder andere, das spürt er. Doch was da tatsächlich auf ihn zukommt, das ahnt er zu diesem Zeitpunkt noch nicht.

Auf der Döppenborner Höhe angekommen, traut er seinen Augen kaum, als er das große Weizenfeld im Tal vor sich liegen sieht: Das erntereife Getreide ist zerfurcht und kreuz und quer in breiten Bahnen zu Boden gedrückt. Die Erkenntnis trifft ihn wie ein Blitzschlag: Kornkreise! Alle reden derzeit darüber! Entweder elektromagnetische Wellen oder kollektive Pflanzenintelligenz sollen dafür verantwortlich sein oder sogar Außerirdische! An die Frage, warum ausgerechnet er der Adressat dieser intergalaktischen Botschaft sein soll, verschwendet Kneutgen keinen überflüssigen Gedanken. Er hat das schon häufig gesehen, im Fernsehen und in Zeitschriften: Er erinnert sich an Fernsehnachrichten, Zeitungsschlagzeilen, an Interviews mit Erich von Däniken, und er ahnt, welche Möglichkeiten sich ihm, dem bescheidenen Eifelbauern, ganz unerwartet bieten, auf einen Schlag berühmt zu werden.

Zuerst fährt er hinunter, um sich zu vergewissern, ob er nicht womöglich einer optischen Täuschung aufgesessen ist. Doch es ist wahr, die Halme liegen säuberlich in eine Richtung gepresst, in scharf abgegrenzten Bahnen auf dem Boden. Er taumelt atemlos die entstandenen Furchen entlang und versucht, ein Muster zu erkennen. Aber es gelingt ihm nicht. Eile ist geboten! Er muss mit dieser Nachricht als Erster an die Öffentlichkeit gehen, bevor er die Medienpräsenz mit jemand teilen muss.

Zu Hause auf dem Hof hängt er sich ans Telefon, und schon anderthalb Stunden später sind alle da: die regionalen Tageszeitungen, BILD, Stern, Spiegel, ARD und ZDF. Und wieder keine fünfzehn Minuten später liefert das erste Flugzeug, das mit einem Kameramann über dem sechs Hektar großen Feld kreist, das erste Bild der Kornkreis-Botschaft. In großen Lettern steht da: ULI, MEIN AKKUSCHRAUBER! Und am südlichen Rand des Feldes ist, halb verdeckt von einem Weißdorngestrüpp, die Dampfwalze zu erkennen, mit der sein Nachbar Fränz ihm diese Worte ins Feld gestampft hat.

Auf den ersten flüchtigen Blick hätten es Verwüstungen eines nächtlichen Unwetters sein können, dem in der Vergangenheit schon oft die Ernte zum Opfer gefallen ist. Aber aus der Luft erkennt man riesige geometrische Formen in den goldgelben Feldern. Bauer Fränz vom Nachbarhof treckert zwar gerne textilarm, hält sich aber bei dieser Sache bedeckt.

Eine Tasse Zucker

Der Nachbar von Konrad Adenauer

Die Bauruine im Kammerwald bei Duppach ist berühmt. 1955 wurde hier mit dem Bau einer Villa begonnen, die dem Altkanzler Konrad Adenauer (1876–1967) als Altersruhesitz dienen sollte. Schon im Winter des Jahres 1956 allerdings wurde die Bautätigkeit eingestellt, und die Natur erobert sich nun seit fast siebzig Jahren das Terrain wieder zurück. Efeu und Moos lassen die nackten Betonmauern nach und nach verschwinden. Warum wurde nicht weitergebaut? War die politische Lage schuld? Um diese Fragen zu beantworten, muss man sich eine weitere – deutlich kleinere – Ruine gleich nebenan ansehen, die dasselbe Schicksal ereilte wie die Adenauervilla: Das Haus von Hans Theo Dümpelbach.

Heute würde man Dümpelbach zweifellos als einen Fan bezeichnen. Auch wenn er zeitlebens gerne behauptete, er sei mit Conrad Joseph Hermann Adenauer zur Schule gegangen, stimmt das nur zur Hälfte. Er war der Sohn des Schulhausmeisters. Auch erzählte er gerne davon, wie er in späteren Jahren bei den Adenauers »ein und aus gegangen« sei, was auch nur in Teilen der Wahrheit entspricht. Im Wohnhaus des damaligen Kölner Oberbürgermeisters las er als Bediensteter der Stadtwerke den Strom ab.

Er begegnete Adenauer auch in der Stadt – am Zebrastreifen, beim Zahnarzt oder im Dom. Diversen spontanen Einladungen zu Kaffee oder Kölsch wurde von Adenauer nie Folge geleistet. Als »der Alte« 1937 nach Rhöndorf zog, hielt es auch Hans Theo Dümpelbach nicht mehr in der Domstadt. Er bezog eine Etagenwohnung in Sichtweite des Adenauerhauses. Immer wieder quälte er sich die berühmte Treppe hinauf, um sich einen Schraubenzieher auszuleihen, Rasierseife zu borgen oder um eine Tüte Milch zu bitten.

Und dann wurde in aller Heimlichkeit der Rohbau im Eifelwald errichtet, nicht zuletzt, weil die Allgegenwart Hans Theo Dümpelbachs zusehends Adenauers Nervenkostüm zerrüttete. Aber der aufmerksame Dümpelbach kriegte Wind von der Sache, nahm sein gesamtes Erspartes und kaufte davon ein etwa handtuchgroßes Waldgrundstück gleich neben der Baustelle. Er schaffte Ziegel und Zement herbei und zog seinen eigenen Rohbau hoch.

Beim Rohbau allerdings blieb es. In dem Moment, in dem Dümpelbach nämlich in »Camp Konrad«, wie die Adenauervilla im Volksmund heißt, auftauchte, um ganz unverfänglich um eine Tasse Zucker zu bitten, wurde die Baumaßnahme unverzüglich eingestellt. Adenauer blieb in Rhöndorf, Dümpelbach starb einsam und mittellos in der Eifel.

Hans Theo Dümpelbach bezeichnete sich gerne als Schulkameraden, Freund und Nachbarn des »Alten«.

Die Ruine neben der Adenauervilla – Wie konnte Dümpelbach hier nur leben?

Supporters, Tifosi, Partigianos, Aficionados ... Es gibt viele Bezeichnungen für Fans. All das und noch viel mehr war Hans Theo Dümpelbach in Personalunion. Immer war er da, wo Adenauer war. Hier beim Premierenbesuch des Ohnsorg-Theaters in Hamburg.

Die Geheimniskrämer von Silicon Eifel

Die Geburtsstätte des iPhel

Von Prüm kommend liegt das Versuchsgelände auf einer Anhöhe kurz vor dem Dörfchen Knorpel. Die vier Wachtürme sind nicht bemannt, dafür aber mit Überwachungskameras bestückt. Mit Gitterzaun und Stacheldraht ist hier alles perfekt gesichert. Den Eingang verschließt ein großes Metalltor. »Silicon Eifel« ist darauf gesprayt. Es sieht aus wie ein Scherz, aber es trifft den Kern. Ursprünglich war dies eine Militärbasis der US-Amerikaner gewesen. Nach deren Abzug hat ein Großinvestor aus Daun das Gelände zu einem unanständig hohen Preis erworben. Sein Name ist Stephan »Steve« Mops.

Wer Zutritt zu dem Gelände erlangt, wundert sich zunächst über friedlich grasende, in Tarnfarben lackierte Kühe, hinter denen Männer in weißen Overalls mit einem Eimer stehen und warten. Er sieht Trecker, die auf der Stelle vor und zurück fahren. Die Geräusche von Eisenhämmern sind ebenso zu hören wie kleine Detonationen von Zeit zu Zeit.

»Wir sind Geheimniskrämer«, erklärt Steve Mops seinen Besuchern. »Das hier ist *Silicon Eifel*, das pochende Herz der Eifeler Computerindustrie!«

Wartet man, bis eine der Kühe klingelt und etwas ausscheidet, dann kann man beobachten, wie der hinter ihr stehende Mensch etwas aus dem Eimer herausfischt und zufrieden ein Kreuzchen auf seinem Klemmbrett macht. Es ist das iPhel23, das klobigste, hässlichste, unförmigste Mobiltelefon, das man sich nur vorstellen kann. Sogar ohne die Ausscheidungen der Kuh ist es immer noch der Glöckner von Notre Dame unter den Handys. Die Form tut den Augen weh, und einen italienischen Designer würde auf der Stelle der Herztod ereilen. Das Gehäuse besteht aus V2A-Stahl, man kann Nägel damit in die Wand klopfen, Stoßstangen ausbeulen und sogar Pferde beschlagen. Das Display ist aus zentimeterdickem Panzerglas. Alle Materialien stammen aus der Eifel. Bis auf die aus China. Es nimmt keinen Schaden im Kuhmagen. Auch die gigantischen Treckerreifen machen ihm nichts. Das iPhel23 ist einfach unkaputtbar, und selbst nach Güllebad, Dauerfrost und Kartoffelfeuer ist es immer noch voll funktionstüchtig und selbst vom dümmsten Bauern mit den dicksten Fingern mühelos zu bedienen.

In den ehemaligen Militärbaracken wird ständig an der Verbesserung des Geräts gearbeitet. Vorinstallierte Apps sind der »Mondkalender«, der »Glyphosat-Portionierungs-Rechner«, das »Acker-Navi« und der »Kuhnamen-Generator«.

Der Vibrationsalarm kann Maulwurfgänge zerstören, und durch einen speziellen Hochfrequenz-Klingelton fallen die Stare tot aus dem Kirschbaum.

Hinter verschlossenen Türen arbeiten Steve Mops und seine Leute bereits am iPhel24.

Soll sie doch Mehl nehmen!

Die Soßen-Erfindung aus Kleisterbach

Angeblich soll die Mehlschwitze im 17. Jahrhundert von den Franzosen erfunden worden sein. Zwar hat Frankreich durchaus einen gewissen Einfluss auf die Entstehung der Soße gehabt, aber sie stammt nun einmal nachweislich aus der Eifel.

Von 1688 bis 1697 brachte der französische Sonnenkönig Ludwig XIV. im von ihm angezettelten Pfälzischen Erbfolgekrieg Elend und Verzweiflung über die Eifel. Am 4. Oktober des Jahres 1689 nahmen seine Truppen unter der Führung von General Jean Josselin Auguste Refrain de Visematent das prachtvolle Schloss Bötzigheim bei Stolberg ein. Bevor das Schloss wie üblich gesprengt wurde, verspeiste man bei einem Abendmahl sämtliche zurückgelassenen Vorräte, die von den Eifeler Dienstboten zubereitet werden mussten, bevor man sie tötete.

Dem General missfiel, dass eine der Köchinnen, Maria Schüppenberg (je nach Überlieferung auch Schuppenburg oder Schöppenborg), so sehr schwitzte, »dass man die Schweißbäche nicht vom Bratensaft zu trennen wisse«.

Maria entgegnete, es seien die Wechseljahre, die diese Hitzewallungen mit sich brächten, worauf Refrain de Visematent ihr riet, sich zu pudern, worauf sie erwiderte, es gebe kein Puder in der Küche, worauf er garstig riet, sie solle verdammt noch mal Mehl nehmen, was sie dann auch tat. Großzügig pulverte sie sich das Mehl in die behaarten Achselhöhlen, und das Schwitzen hatte ein vorläufiges Ende.

Maria Schüppenberg überlebte wie durch ein Wunder das später folgende Massaker und floh in das Nachbardorf Kleisterbach. »Wenn sie keinen Puder hat, soll sie doch Mehl nehmen!« – Diesen Rat des grausamen Generals beherzigte sie fortan und band die übermäßige Körperflüssigkeit mit Mehl, sodass statt der Sturzbäche nur eine erträgliche Portion dicken Breis unter ihren Achseln stand.

Eines Tages kam ihr der Gedanke, diese Vorgehensweise auch beim Kochen anzuwenden. Gleich der erste Versuch mit ausgelassener Butter gelang, und so wurde mit der Mehlschwitze eine solide Grundsoße erfunden, mit der man so gut wie jeder Speise eine breiige Textur verleihen kann.

In Maria Schüppenbergs Eifelheimat gehört die Mehlschwitze zum kulinarischen Grundwissen. Aufgrund des Ortes ihrer Kreation, des Dorfes Kleisterbach, wird sie auch als »Kleister« bezeichnet.

Der Löffel und der Kessel, in dem Maria Schüppenberg zum ersten Mal Mehlschwitze zubereitete. Beides ist nicht spülmaschinenfest.

Sie hat viel ausprobiert: Verkochter Kohlrabi wird durch Mehlschwitze wieder stabil. Blasse Erbsen und Möhren wirken durch Mehlschwitze bunt und knackig. Fades Fleisch erscheint würzig durch die noch fadere Mehlschwitze. Richtig gut ist sie nur, wenn sie handwarm ist, und wenn der Löffel darin aufrecht stehenbleibt.

Wie man sich bettet, so riecht man

Das Bettenhaus Murksmüller in Schluderfeld

Es gibt viele Beispiele für Werbekampagnen, die sich rasch als fatale Fehlschläge entpuppen. Das Bettenhaus Alfons Murksmüller in Schluderfeld bei Euskirchen befindet sich seit sechs Generationen im Familienbesitz und verfügt in dieser Hinsicht über leidvolle Erfahrung. Bei Alfons Murksmüller wird gespart. Sämtliche Vorfahren trugen denselben Vornamen, damit kein Neudruck von Firmenpapier anfällt. Die Werbeplakate entwirft Nichte Jellanie (9), die schon immer schön malen konnte. Für die Werbeaktionen zeichnet Neffe Enkel Dagobert (16) verantwortlich. In seinen Bereich fallen die verheerendsten Werbe-Flops:

Mit »Elf Betten zum Preis von zehn« erzielte er keinen Erfolg, richtete aber auch keinen Schaden an. Das sah bei »Kissen zum Selberfüllen« schon anders aus. Anderthalb Wochen blieb das Geschäft geschlossen, bis die Hallen wieder von Schaumstoff, Schafwolle und den guten Dauner Daunen gereinigt waren.

Von der Aktion »Probeliegen, solange Sie wollen« vor anderthalb Jahren wird sich das Bettenhaus allerdings vermutlich nicht so schnell erholen. Zu Beginn der Kampagne erzielte man noch durch die unerwartete Niederkunft einer hochschwangeren Mutter im Kirschholz-Futonbett Yakitori eine erfreuliche Presseresonanz. Zwei gesunde Mädchen erblickten das Neonlicht des Bettenhauses und verblieben mit ihrer Mutter neun Tage im Wochenbett. Als aber kurz darauf der 93-jährige Rentner Leopold S. sich zunächst nicht mehr aus eigener Kraft von der Schlafcouch Erika erheben konnte und vier Stunden später ebendort verstarb, schlug die Publicity ins Negative um.

Man wusste auch nicht mit dem überfallartigen Besuch eines Kamerateams und mehrerer hüllenloser Darsteller umzugehen, die im Schlafzimmer der Marke Hallmackenreuther spontan einen improvisierten »Lehrfilm zur Erhaltung der Art« in der Tradition von Beate Uhse und Oswald Kolle drehten.

Mit der überdurchschnittlichen Resonanz auf das unbegrenzte Angebot zum Probeliegen hatte die Familie Murksmüller nicht gerechnet. Die verheerendste Entwicklung nahm in der Wildeiche-Schlafzimmerlandschaft der skandinavischen Firma Kløtenknøten ihren Lauf:

Sie zeichnet sich durch einen überaus prägnanten Geruch aus, weil nun schon seit 17 Monaten der Wohnsitzlose Ingolf D. (ca. 45–65) ununterbrochen im Boxspringbett liegt. Versuchen, ihn zum Verlassen der Schlafstatt zu bewegen, begegnet er mit Hinweisen auf das deutsche Wettbewerbsrecht und umfangreichen Schriftstücken seines Anwalts.

Der Verkauf exklusiver Schlafzimmermöbel bedarf ausgefeilter Werbekonzepte und pfiffiger Aktionen. Bei diesem hochwertigen Modell hat Ingolf D. (unten) vor fast anderthalb Jahren das große Los gezogen.

Haben im Bett der Marke *Trulleberg* ihre späte Liebe gefunden und geheiratet: Erni und Ansgar Zausel.

Foulspiel statt Fairness

Der »schiefe Sportplatz« des FC Klefferich

Jedes Eifeldorf, das etwas auf sich hält, verfügt über einen eigenen Fußballverein. Das sportliche Messen mit anderen Ortschaften fördert den Austausch, das allwöchentliche Zusammensein auf dem Fußballplatz bedeutet unschuldige Geselligkeit. All das ist im Dörfchen Klefferich bei Nideggen anders. Die Bevölkerungsdichte des Ortes reicht bei Weitem nicht aus, um alle Altersklassen zu besetzen. Hier spielen von E-Jugend bis zu den Senioren alle zusammen. Ambitionen, in die Bezirks- oder gar Bundesliga vorzustoßen hatte man hier ohnehin nie. Es geht den Klefferichern nur ums Gewinnen, und das führen sie möglichst mit allen Mitteln herbei.

Kein Fußballverein der Nordeifel verwehrt dem FC Hackenschmerz ein Spiel. Die Folgen wären unabsehbar. Es sind in der Vergangenheit bereits Spielerfrauen entführt, Vereinsheime angezündet und Zehen amputiert worden. Wenn die Kleffericher ihr Kommen ankündigen, ist jedes Dorf in höchster Alarmbereitschaft. Vorsorglich werden Jagdwaffen verteilt, und in der Rettungswache Nideggen werden die Urlaubstage gestrichen.

Ein solches sportliches Ereignis wird nur noch übertroffen von einer Einladung des FC Hackenschmerz Klefferich an andere Vereine. Was als Freundschaftsspiel beginnt, endet häufig in einem blutigen Massaker.

Die berüchtigtsten Spieler der Kleffericher sind derzeit Jayden-Luis »Frettchen« Schmackes (8), Kevin »Amboss« Zorn (28) und Herbert »Schädelknacker« Knorr (88). Wenn diese drei auf dem Platz sind, werden keine Gefangenen gemacht. Auf dem Kleffericher Fußballfeld gleich neben der wilden Müllkippe am Schlotterwäldchen haben die Gegner schon verloren, bevor das Spiel begonnen hat. Daran ist nicht zuletzt der Sportplatz schuld, der sich in einer auffälligen Hanglage befindet und eine beachtliche Neigung aufweist. Auf die Spielfeldlänge von 60 Metern ergibt sich ein Höhenunterschied von 9,5 Metern. Mit 7,73 Grad Neigung ist das Schicksal der Gäste unausweichlich besiegelt, die dank der berüchtigten gezinkten Münze der Gastgeber natürlich immer gezwungen sind, auf der tiefer liegenden Seite zu spielen. In beiden Spielhälften. »9,5 Meter ist doch kaum was«, erklärt Willi Schmargenbach, der Trainer der Kleffericher achselzuckend. »Trotzdem gut, dass wir keinen Wasserball spielen.«

Der FC Hackenschmerz Klefferich überlässt nichts dem Zufall. Der Schiedsrichter ist der Mann der Cousine des Torschützenkönigs Matthes »Panzerfaust« Klüngel.

Willi Schmargenbach trainiert den Club seit 58 Jahren. »Knorr sein wie ein Ball leer!«, brüllt er gerne. »Leck mich Arsch, isch hab fertisch!«

Zu tief ins Glas geschaut

Der Altglas-Gnadenhof in Frotzelbeuren

Sie werden in der Eifel auf viel Eigenartiges stoßen und auch auf den ein oder anderen Wirrkopf. Nicht alle von ihnen sind gefährlich, aber es kann nicht schaden, sich von ihnen fernzuhalten.

Hieronymus »Rönnemes« Schlömer beispielsweise war Halbwaise und wuchs in dem Glauben auf, sein Vater sei eine Flasche gewesen – das hat seine Mutter ihm jedenfalls immer vorgejammert, und daraus leitet er heute seine besondere Zuneigung zu den gläsernen Behältnissen her. Von Kindesbeinen an hat er sie in all ihrer vielfältigen Gestalt bestaunt. Ihn faszinieren bis heute das durchscheinende Material, die leuchtenden Farben, die geschwungene Form und ganz besonders ihre Zerbrechlichkeit. Wann immer sich ihm eine Gelegenheit bot, eine leere Flasche davor zu bewahren, auf den Müll geworfen zu werden, nahm er sich ihrer an und verbarg sie unter seinem Bett. Wurde er Zeuge, wie eine von ihnen zertrümmert wurde, sammelte er ihre Scherben auf und restaurierte sie.

Ihn betrübt die Rücksichtslosigkeit, die die Menschen den Flaschen gegenüber an den Tag legten. Selbst seine Mutter kümmerte sich auf dem Bauernhof in Frotzelbeuren bei Welschbillig mit größerer Zuneigung um Kälber, Küken und Ferkel als um die hilflosen kleinen Maggifläschchen. Ja, selbst der Hofhund wurde besser behandelt als die Milchflaschen. Als seine Mutter starb, setzte er mit 69 Jahren endlich seinen lang gehegten Traum in die Tat um, ließ alles Vieh schlachten und zu Wurst und Frikadellen verarbeiten und funktionierte das Haus, die Stallungen und das ganze Gelände zu einem Gnadenhof für Glasflaschen um.

Rönnemes Schlömer unterscheidet nicht zwischen Pfand- und Einwegflaschen. Beider Schicksal rührt ihn gleichermaßen. Die eine wird in einem ausbeuterischen Pfandsystem herumgereicht und so lange missbraucht, bis die Kraft sie verlässt, die andere stirbt früh einen brutalen, nutzlosen Tod im Massengrab des Glascontainers. Er sammelt sie alle ein und gibt ihnen das Gnadenbrot. Die kleinen, blauen Apothekenflaschen, die schlanken grünen Weinflaschen, die klaren Limonadenflaschen – sie alle können bei ihm in Würde ihr geschundenes Dasein beenden. Egal, ob ihr Glas glänzend oder matt ist, ob dickwandig oder hauchzart – er nimmt sich ihrer an. Früher hat er nur die Flaschen und Scherben vor den Glascontainern eingesammelt, heute transportiert er in spektakulären nächtlichen Befreiungsaktionen gleich die ganzen Container ab.

Schon als Kind wurde Schlömer im Flaschen-Spülwasser gebadet. Das hat etwas in ihm ausgelöst.

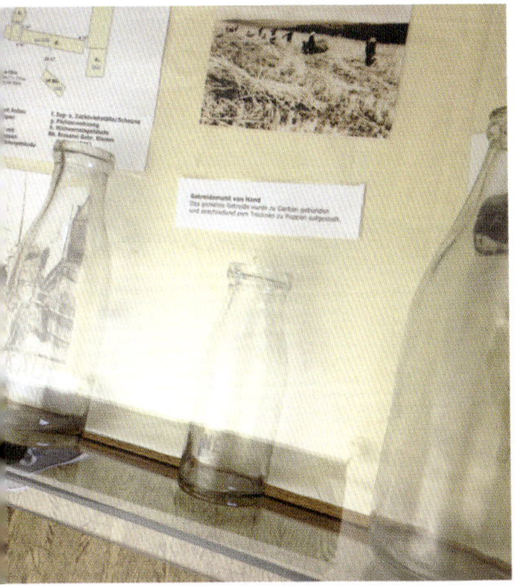

Bei besonders lieben Schätzen (die er auch gerne mit ins Bett nimmt) notiert er Fundort und -datum.

Unzählige prall gefüllte Glascontainer warten auf der Terrasse darauf, von Schlömer geleert zu werden.

Sarg zum Abschied leise Servus

Das Bestattungshaus Asche & Staub

Jede Branche hat ihre mageren und ihre fetten Jahre. Kein Dienstleistungsgewerbe ist absolut krisensicher – außer dem der Bestattungsunternehmen.

Ein ostbelgisches Start-up in Schlammbach, südlich von St. Vith, schaffte es vor einigen Jahren, das regionale Bestattungswesen kollektiv in Angst und Schrecken zu versetzen: Asche & Staub.

Gilles Asche und Cedric Staub haben ihre Ausbildung in Eupen absolviert und sich unmittelbar im Anschluss daran mit dem Kauf eines alten Bestattungsunternehmens in Schlammbach selbstständig gemacht.

Wo sich traditionelle Bestatter eher pietätvoll geben, hauen sie kräftig auf die Pauke. »Heiße Preise! Feuerbestattung für wenig Asche!«, springt einem die Werbung aus dem Wochenblatt entgegen. »Wenn schon abtreten, dann mit uns!«, steht in bunten Riesenlettern auf den Plakatwänden. »Am Tod kommen Sie nicht vorbei! An uns auch nicht!«, plärrt es aus dem Radio.

Ihr Erfolgskonzept umschreiben Asche und Staub so: »Wir müssen die Zielgruppe an der richtigen Stelle abholen. Selbstverständlich erst, wenn es so weit ist.«

In erster Linie richtet sich ihr Konzept an die zu Bestattenden selbst: »Damit Sie sich nicht ein ganzes Leben nach dem Tod über ihre verpatzte Trauerfeier ärgern müssen!« Auf einem eigenen TV-Kanal in Seniorenheimen streamen sie Live-Übertragungen von Beerdigungen oder senden Werbespots in Dauerschleife: »Bestattungen ganz nach Ihrem Geschmack. Urne und Sarg waren gestern! Wir frieren Sie ein, hängen Sie in die Astgabel, begraben Ihr Herz an der Biegung des Flusses, tun Ihre Asche in die Eieruhr oder pressen Sie zum Diamanten!«

Für ihr innovatives Marketingkonzept wurden ihnen bereits zahlreiche Preise verliehen, doch die Eifeler Bevölkerung ist noch zurückhaltend. Künftig wollen sie sich daher verstärkt auf die Hinterbliebenen konzentrieren. »Denn die zahlen ja schließlich die ganze Chose!«

Dabei zielen sie auf die berüchtigte Eifeler Sparsamkeit ab und wollen noch billiger werden.

Künftig gibt es satte, nach Jahren gestaffelte Frühbucherrabatte und monatlich einen *Black Friday* mit attraktiven Sonderangeboten! Und bei den Materialien geht auch noch was. Beispielsweise mit Leimholz aus recycelten Camembert-Schachteln oder Sargpolsterungen aus vollen Staubsaugerbeuteln.

Von Kunden, die Asche oder sein Kompagnon Staub unter die Erde gebracht haben, hat sich bisher so gut wie noch nie jemand beschwert. Demnächst soll auch die Heißluft des hauseigenen Krematoriums ins Fernwärmenetz eingespeist werden.

88

Ein trübes Wässerchen

Die Heilquelle im Vurtsbacher Wäldchen

Im Vurtsbacher Wäldchen unweit von Hilberath im Ahrgebirge entspringt der Vurtsbach. Lange Zeit schenkte niemand diesem kleinen Rinnsal große Beachtung, das sich seit Urzeiten durch Felder und Wiesen talabwärts mäandert, nur um in der Nähe von Meckenheim in den Swistbach zu münden. Die Öffentlichkeit wurde erst auf das Bächlein aufmerksam, als der Bauer Karlheinz Braunrachen seinen Kopf unter das aus der Quelle plätschernde Wasser hielt. Bis dahin war er kahl wie ein neugeborenes Ferkel gewesen, aber kurz darauf sprossen auf seinem Schädel wieder Haare!

Die Neuigkeit machte die Runde: Was Schafsurin und Hühnerkot bei dem Bauern nicht bewirkt hatten, war dem Vurtsbachwasser gelungen.!

Seither suchten zahlreiche Geplagte mit ihren Gebrechen den Quelltümpel auf und stellten bald eine Linderung ihrer Beschwerden fest. Das Quellwasser des Vurtsbachs war ein Heilwasser, da war man sich einig. Man träumte bereits von der breiten Vermarktung des Heilwassers, doch die genehmigenden Behörden reagieren bis heute zurückhaltend …

… denn ein unbequemer Umstand verwässert den durchschlagenden Erfolg des heilenden Wassers. Nicht weniger als 647 reale Heilerfolge wurden in den Jahren 1969 bis 2020 verbucht. Doch ein Beispiel aus dem Jahr 1992 macht das Problem deutlich, das mit dem Gebrauch der Quelle einhergeht. Der Spaziergänger Alfons E. (59) wusch sein Gesicht, weil ihn eine scheußliche Bindehautentzündung quälte. Das kühle Nass erfrischte seine rot geschwollenen Lider. Wie erhofft waren schon am Abend die Beschwerden verflogen. Dafür aber bildeten sich zahlreiche Herpesbläschen an seinen Lippen, die er viele Wochen nicht loswurde.

Nur kurz darauf badete die Kindergärtnerin Walburga S. (29) an einem heißen Sommertag in dem kleinen Quelltümpel. Zu ihrer Freude klang der Fußpilz, der sie so lange gepeinigt hatte, schon am nächsten Tag ab. Stattdessen litt sie vom selben Moment an unter einer heftigen Bindehautentzündung.

Der Schäfer Franz-Ludwig P. (64) bekam durch eine Waschung im Quellwasser des Vurtsbachs zwar seine Magen-Darm-Erkrankung in den Griff, kriegte aber Fußpilz.

Und so setzt sich seither die Geschichte der fragwürdigen Heilerfolge fort: Das Wasser kuriert die Menschen von Ruhr, Wundbrand und Windpocken, dafür aber fangen sie sich in dem Tümpel Legionellen, Milzbrand, Afterjucken und Gürtelrose ein. Alles eine Frage der Abwägung.

So etwas wie eine Tauschbörse für ansteckende Krankheiten: Die Quelle plätschert und sprudelt in der Kühle des Wäldchens – und sie zieht alle an, die ihre Gebrechen endlich loswerden wollen.

Große Gefahr im Garstwald

Zu Recht unterschätzt: der kleine Schnarchhahn

Man sollte nicht vor Sonnenuntergang durch den Garstwald bei Rheinbach spazieren, besteht doch die Gefahr der schmerzhaften Begegnung mit einer seltenen Vogelart: Bei dem kleinen Schnarchhahn *(Podargus lethargicus)* handelt es sich um eine höchst seltene Spezies, die mit dem australischen Eulenschwulm *(Podargus strigoides)* verwandt ist. Die Verwandtschaft auf der anderen Erdhalbkugel hat allerdings längst jeden Kontakt abgebrochen. Unter Zoologen gilt der kleine Schnarchhahn als die überflüssigste Gattung aller Vogelarten. Er schmeckt nicht, er hat keinen schönen Gesang, keine Manieren und keinen Humor.

Unkonzentriert und mit halb geschlossenen Augen fliegt er herum, kollidiert häufig mit Bäumen, Menschen oder Hirschgeweihen und stellt dadurch eine Gefahr für Spaziergänger dar. Meistens jedoch liegt sowohl das Männchen als auch das Weibchen faul im Nest und ist selbst an der Fortpflanzung völlig desinteressiert. Deshalb steht diese Art auch kurz vor dem Aussterben. Im Garstwald leben nur noch sechs Pärchen und drei greise Vögel, bei denen nicht ganz ersichtlich ist, ob sie nicht möglicherweise schon mumifiziert sind. Auch für die Nahrungsbeschaffung ist der kleine Schnarchhahn zu faul. Er überlebt dank seines süßlichen Speichels, der Insekten anlockt, die ihm in den halb geöffneten Schnabel kriechen, und von Beeren, die ab und zu hineinwachsen. Ansonsten wäre er bereits vor geraumer Zeit ausgestorben. Sein Federkleid ist von fahler und unattraktiver Farbe und verströmt einen Geruch, der an Mottenkugeln erinnert. Die Geräusche, die er ausstößt, haben große Ähnlichkeit mit einem halbherzigen menschlichen Rülpser.

In früheren Zeiten gehörte der kleine Schnarchhahn zu den Zugvögeln, verspätete sich aber häufig, kam dann meistens nur bis in den Hunsrück und beschloss, künftig auf aufwendige Reisen zu verzichten. Sein Nest ist völlig verwohnt, sowohl Wärmedämmung als auch die Sanitäranlagen entsprechen nicht den heutigen Bedürfnissen.

Der kleine Schnarchhahn hat keinen natürlichen Feind. Für jeglichen Kampf fehlt ihm die Energie, und Raubtiere halten ihn meistens ohnehin für tot. Selbst Federmilben und Darmwürmer verlieren nach einer gewissen Zeit das Interesse an ihrem langweiligen Wirtstier. Irgendwann werden auch die letzten Exemplare verschwinden, wodurch das biologische Gleichgewicht nicht im Mindesten gestört wird. Ein Vorteil wäre, dass man dann wieder ungefährdet durch den Wald spazieren kann.

Viele Weibchen sind intellektuell nicht in der Lage zu erkennen, ob sie überhaupt Eier gelegt haben, was sich nicht gerade vorteilhaft auf den Fortbestand der Art auswirkt.

Mitunter stehlen die Eltern den Jungen das Futter aus dem Schnabel.

Der kleine Schnarchhahn war Unvogel des Jahres 1973, 1991, 2004 und 2018.

Wir sind hier nicht in Hengasch!

Die Polizeistation von Kleinermel

Nach personellen Umstrukturierungen, die 1997 den Abzug der Polizei und die Schließung der Wache im Weiler Kleinermel bei Zingsheim mit sich führten, entstand plötzlich ein Sicherheitsvakuum – so empfanden es jedenfalls die Bewohner des Dorfes. Also erwarben sie gemeinschaftlich die Immobilie und boten großzügig an, die alte Wache unentgeltlich zu räumen. Stattdessen beließen sie aber die gesamte Einrichtung an Ort und Stelle und organisieren sich seither in einer Art Bürger-Polizei. Der frühpensionierte Polizeimeister Ecki Skropczek leitet die Truppe. Hier kann er die Fähigkeiten einbringen, die während seiner beruflichen Laufbahn jeder Beförderung im Wege standen.

Er kann gut mit Geld umgehen – mit dem anderer Leute. Berufsübergreifend pflegt er nützliche Kontakte zur Unterwelt und verfügt außerdem über handfeste Führungsqualitäten. Skropczek hat zwar zahlreiche Hobbys, die ihm den Ruhestand versüßen könnten (er besitzt die umfangreichste Sammlung von Nachschlüsseln in der Eifel, malt gerne filigrane Miniaturen nach Vorbildern echter Geldscheine und ist Mitglied in einem polnischen Sportwagentauschzirkel), aber die Überwachung von Recht und Ordnung und vor allen Dingen der öffentliche Gebrauch einer Schusswaffe geben ihm das Gefühl, auch im Alter noch seinen Beitrag zum Wohlergehen der Dorfbevölkerung beitragen zu können.

Ihm sind drei männliche »Polizisten« untergeordnet. Weibliche Arbeitskräfte sind in der Wache nur zur Bodenpflege und im nächsthöheren Dienstrang zum Zubereiten von Filterkaffee vorgesehen.

Die Polizei Kleinermel sorgt dafür, dass Delikte wie Falschparken, Sachbeschädigung oder Wilderei auf keinen Fall von Ortsfremden begangen werden, und wacht im Schichtdienst mit Argusaugen darüber, dass Diebstähle und kleinere Einbrüche lückenlos in der Hand der Dorfbevölkerung bleiben.

Sollten Sie in oder um Kleinermel in einen Verkehrsunfall verwickelt werden, sollte Ihnen etwas gestohlen werden oder geraten Sie gar in eine tätliche Auseinandersetzung mit einem Dorfbewohner, wäre es das Falscheste, die 110 zu wählen, denn die führt durch eine trickreiche Manipulation des Telefonverteilerkastens ohne Umweg zur Polizeistation Kleinermel, die selbstredend über eine kleine Arrestzelle verfügt, in der Sie vermutlich nur ungern die restlichen Tage Ihres Eifelbesuchs verbringen möchten.

An allen Ortsein- und -ausgängen hängen Starenkästen, die so aussehen, wie Starenkästen aussehen sollen.
Die Geschwindigkeit wird mit der Armbanduhr gemessen.

Solide und erprobt: das Einsatzfahrzeug mit Zigarettenanzünder, CB-Funkgerät und gehäkelter Klopapierrolle

Haben vorm Dorfladen die Parkzeit um eine Viertelstunde überschritten: Familie G. aus Wipperfürth

Als die Römer frech geworden

Der mobile Römerwall der S.P.Q.R.

Der römische Grenzwall Limes trennte früher linksrheinisches, zivilisiertes Gebiet vom rechtsrheinischen wilden und unkontrollierbaren Terrain. Auch wenn der Wall längst verschwunden ist, haben sich die Gegebenheiten bis heute kaum verändert. Vor 1500 Jahren haben die Römer das Rheinland verlassen. Das ganze Rheinland? Nein, ein kleines Stück römischer Geschichte ist heute noch so lebendig wie zu Zeiten Julius Cäsars.

Zwischen Bonn *(Bonna)* und Remagen *(Rigomagus)* befanden sich auf der Eifelseite des Rheins die drei römischen Kastelle Opium, Untenrum und Heidiklum. Das behauptet jedenfalls ein kleiner Verein aus Schniedel im Brohltal, der S.P.Q.R. (Schniedeler Private Qualitäts-Römergruppe). Dr. Maria-Anselma Gluck leitet seit rund zwei Jahrzehnten diese engagierte Reenactment-Gruppe. Dass sie nur einen gekauften Doktortitel statt eines abgeschlossenen Geschichtsstudiums vorweisen kann, verwundert wenig. Die Hobby-Historikerin bezieht ihr Fachwissen in erster Linie aus Bibelfilmen, Asterixheften und dem *»Leben des Brian«*. Ihre Lateinkenntnisse sind ähnlichen Ursprungs. Zusammen mit etwa zwei Dutzend anderen Historienfans (größtenteils leibliche und angeheiratete Familienmitglieder) versucht sie in ihrer Freizeit das Lagerleben einer römischen Garnison nachzustellen. Das geschieht hauptsächlich im Garten von Fritz Dölkens und seiner Frau Winnie, der sich dank Jägerzaun und dekorativer weißer Betonstatuen bestens für solche Unternehmungen eignet. Selbstgenähte römische Rundzelte stehen in Kreisformation neben dem Gemüsegarten. Sie wurden vom Brohltaler Mineralbrunnen gesponsert und sind werbewirksam mit dessen Schriftzug und Logo versehen. Die römischen Uniformen stammen aus dem Festartikel- und Karnevalszubehör »Pappnas & Co.« in Koblenz-Rübenach. Die Holzschwerter stiftete der ortsansässige Kindergarten »Kleine Filzläuse«, die Sandalen stammen aus dem Werksverkauf der Firma Salamander, und die Schilde sind Dauerleihgaben der Straßenmeisterei, wobei die Hinweise auf Geschwindigkeitsbeschränkungen und Durchfahrtsverbote mit wasserlöslicher Farbe übermalt wurden.

Immer wieder ziehen die Freizeitrömer in den umliegenden Eifelwäldern ins Manöver oder belästigen schlecht vorbereitete Touristen mit einem selbstgebauten Wachturm auf Rädern, den sie mit sich führen, um ein Teilstück des Limes darzustellen.

Authentische Römerkostüme und ein fahrbarer Limes-Wachturm – die S.P.Q.R. leistet einen wertvollen Beitrag zum rheinischen Geschichtsbewusstsein.

Mitunter schlagen die Freizeitrömer auch über die Stränge: wenn sie beispielsweise nach dem Genuss selbst gebrauter Cervisia arglose Wanderer zwingen, auf dem Spielplatz als Gladiatoren im Circus Maximus gegeneinander anzutreten.

Lupos Leuchtturm

Schluppenborn liegt nicht am Meer

Die Bewohner von Schluppenborn bei Salmtal in der Moseleifel erhalten oft Post, die eigentlich nicht für sie bestimmt ist. Auch landen hier ab und an Touristen, die eigentlich irgendwo ganz anders hinwollen. Es gibt nämlich einen weiteren Ort namens Schluppenborn an der Ostsee. Ganz findig hat das »Gasthaus Knortz« in Schluppenborn/Eifel inzwischen auf »Grand Hotel Meerblick Schluppenborn« umfirmiert und erklärt den dann anreisenden irritierten Gästen achselzuckend: »Gebucht ist gebucht.«

Der wohl größte Irrtum dieser Art ereignete sich in den 60er-Jahren, als eines Morgens Bagger, LKWs, drei Baukräne und eine sechzig Mann starke Arbeiterkolonne anrückten und auf einem Brachgrundstück gleich hinter dem Friedhof ihre Bauarbeiten begannen, die dann mehr als ein gutes Dreivierteljahr andauerten. Zunächst war nicht erkennbar, was das runde Gebäude darstellen sollte, das hier entstand. Man wusste nur aus sicherer Quelle, dass eine gewaltige Geldsumme geflossen war, um diese Baumaßnahme an exakt dieser Stelle durchführen zu können.

Das Bauwerk wuchs und wuchs, und man spekulierte über die runde Form und die gewaltige Höhe. Befürchtungen, es könne sich um einen Bunker oder einen Atommeiler handeln, zerstreuten sich, als das Gebäude irgendwann eine Höhe von zwanzig Metern erreicht hatte und beständig weiterwuchs. Hier entstand ein Turm, das war inzwischen klar. Erst als in sechzig Metern Höhe abschließend gewaltige Scheinwerfer montiert und das ganze Bauwerk rotweiß geringelt angestrichen wurde, begriffen die Schluppenborner, dass hier ein waschechter Leuchtturm gebaut worden war.

Der Besitzer war zur Überraschung aller der New Yorker Milliardär Lupo T. Bohnsack. Der Spross deutscher Einwanderer hatte zum Andenken an seinen Urahn, den Leuchtturmwärter Quintus Bohnsack, ein Bauwerk an der Ostsee errichten wollen. Den Grundstückskauf hatte man allerdings gründlich vermasselt. Lupo T. Bohnsack nahm es mit Humor. Kaufsumme, Baukosten und nötige Schmiergelder hatte er aus der Portokasse gezahlt. Bis zu seinem Tod im Jahr 1998 kam er jedes Jahr einmal nach Schluppenborn, und der Jet Set folgte ihm und machte immer ein Wochenende lang Party auf 260 Quadratmetern, verteilt auf vierzehn Etagen. Dann rotierte vier Nächte lang das gleißende Licht über Schluppenborn, und die Bürger konnten nicht schlafen. Dafür bezahlte Bohnsack ihnen aber ganzjährig Knabbereien, Kondome und alkoholische Getränke.

Mitten aus dem Dorf ragt ein gigantischer Leuchtturm in den Eifelhimmel. Sein Licht hat schon zu zahlreichen Irritationen beim Landeanflug auf dem nicht weit entfernten Fliegerhorst geführt.

Lupo T. Bohnsack feierte legendäre Feten im Leuchtturm, den er zum Andenken an seinen Urgroßvater errichten ließ.

Ski Heil im Eifelschnee

Die Skischule Flamingo am Großgöbelsbrocken

Die Zeiten, in denen lang anhaltende Minustemperaturen und dicke Schneedecken für beständig gute Wintersportverhältnisse in den Höhenlagen der Eifel sorgten, sind vorbei. Längst ist das Betreiben von Skiliften und Rodelpisten kein einträgliches Geschäft mehr. Umso erfreulicher ist es, dass sich auch in der heutigen Zeit erfindungsreiche Menschen an ein Start-up heranwagen, dessen Erfolg in besonders hohem Maße von den klimatischen Bedingungen abhängig ist. Ingo Flamm ist ein solch kreativer Geist. Mit gewitztem Planungseifer gab er sich vor einigen Jahren an eine neue touristische Attraktion und versuchte dabei von Anfang an, durch ungewöhnliche Maßnahmen möglichst großen Profit zu generieren.

Rund um den Großgöbelsbrocken (638 m) im Höhengebiet von Hellenthal werden traditionell Loipen für den Skilanglauf gespurt, und seit 2004 lag eine Piste samt Skischule nach dem Konkurs der früheren Betreiber brach. Hier setzte Ingo Flamm mit seinem innovativen Konzept an, als er den Betrieb zum Winter 2009/2010 übernahm. Seine Skischule der besonderen Art nennt er stolz »Flamingo«.

Es gelang ihm im Gründungsjahr auf Anhieb, die Kosten zu halbieren und gleichzeitig die Preise drastisch anzuheben, was eine Steigerung des Gewinns um mehr als 70 Prozent mit sich brachte. Mit seinem Wintersportbetrieb konzentriert sich Ingo Flamm nämlich voll und ganz auf die Randgruppe der einbeinigen Ski-Touristen.

Der Erfolg liegt für ihn ganz klar auf der Hand: Benötigt werden hier nur einzelne Skier und einzelne Skistöcke, was eine immense Ersparnis mit sich bringt. Auch wird der zu betreibende Aufwand beim Spuren der Loipe durch die Reduzierung auf nur eine Skispur deutlich verringert.

Ingo Flamm sieht nur Vorteile: Am Idiotenhügel gibt es nur noch halb so viele gebrochene Beine, und die nur noch 50%-ige Belastung der Natur durch viel weniger Skier ist aus seiner Sicht ein starkes Zeichen von ausgeprägtem Umweltbewusstsein.

Nach dem Après-Ski, der manchmal durch den Genuss der eigenen Jagerteemischung (1 Teil Schwarztee, 4 Teile 80%-iger Kartoffelschnaps, drei Teelöffel Wick Vaporub) ganz schön heftig ausfällt, kriechen alle Ski-Asse und Ski-Haserln auf allen dreien nach Hause.

Ingo Flamm glaubt fest an den Erfolg seines Wintersport-Konzepts. Er verteilt in den chirurgischen Abteilungen sämtlicher Kliniken des Rheinlands Gutscheine für Schnupperkurse und will demnächst eine große Werbekampagne unter dem Motto »Ohne das Zweite fahren Sie besser« starten.

Fahren Sie weiter, hier gibt es nichts zu sehen

Kreisel-Kunst von Friederike Fischenich

Auch in der Eifel sind die Kreisverkehre heimisch geworden. So manche idyllische Ampelkreuzung ist Geschichte, und der Autofahrer vermisst mitunter die kontemplativen Zwangspausen im Alltag, das melodische Hupkonzert und den aromatischen Dieselgeruch während der ausgedehnten Wartezeiten.

Die Verkehrsinseln auf den Kreisverkehren haben sich allerdings zur fragwürdigen Herausforderung für Künstlerinnen und Künstler aller Art entwickelt, die dort Gelegenheit bekommen, ihrer Kreativität freie Fahrt zu lassen. Heraus kommen häufig bizarre plastische Kunstwerke, die von der Kommune üppig subventioniert werden – was noch nie eine Garantie für Qualität dargestellt hat.

Eine dieser Künstlerinnen ist Friederike Fischenich. Ihren Werken aus dem Weg zu gehen – beziehungsweise zu fahren – ist schlichtweg unmöglich, da sie mit geradezu strategischem Kalkül über die gesamte Eifel verteilt sind.

Friederike Fischenich gehört zu den experimentierfreudigsten Kreisverkehr-Kunstschaffenden unserer Zeit. Ihre Werkstoffe sind von auffallend unterschiedlicher Natur, ebenso wie ihre Themenauswahl. Will sie das Schöne abbilden, erschafft sie unabsichtlich das Schrecklichste. Will sie jedoch aufrütteln und anprangern, bringt sie nur biederen Kitsch zustande. Dies ist natürlich durchaus im Sinne der Verkehrsplaner, die immer wieder ausgesprochen gerne Aufträge an die Künstlerin vergeben, weil der Verkehr nun mal am besten fließt, wenn niemand abbremst, um den interessanten Anblick eines gelungenen Kunstwerks zu genießen. Man ist bemüht, an ihren Kreationen möglichst zügig und unbeschadet vorbeizukommen.

Zu ihren wohl schrecklichsten Werken, die auf keiner Ansichtskarte und auf keinem Urlaubsfoto auftauchen, gehören das brutalistische Heino-Monument aus Stahlbeton bei Bad Münstereifel, die florale Installation »Fiese Disteln« bei Monreal und die naturalistische Blechskulptur »Auffahrunfall« im Bitburger Westen.

Unfreiwillig geriet 2011 die planerische Begehung eines stark umfahrenen Kreisels bei Ochtendung zum Kunst-Happening, als sie wegen des massiven Fahrzeugaufkommens zweieinhalb Tage und Nächte auf der Verkehrsinsel verbringen musste.

Sollte Ihnen einmal ein besonders hässlicher Kreisverkehr in der Eifel auffallen, können Sie mit großer Sicherheit davon ausgehen, dass er von Friederike Fischenich gestaltet wurde.

Das Grillhähnchen aus Polyester hat eine starke Botschaft! Nur welche?

Sieht aus wie eine Installation von Friederike Fischenich, ist aber ein Lausejungen-Streich (links); Das Kreisel-Monument für den unbekannten Schlachthof-Arbeiter (rechts).

Quak, Quak, Quak!

Der Joschifrosch-Park in Unkenborn

»Quak, Quak, Quak! Joschmann-Quark macht stark!« Jedes Kind der 50er- bis 70er-Jahre kennt den Werbeslogan der Molkerei Joschmann aus Unkenborn, fröhlich gequakt von einem kleinen grünen Frosch. Zeitweise war der Joschifrosch ebenso bekannt wie das HB-Männchen, der Bärenmarke-Bär oder die Milka-Kuh.

Der Eifeler Molkerei-Familienbetrieb Joschmann ist längst im internationalen Firmenkonzern *Damn Dairy Glory Full Lactose Food&Beverage Global Industries Inc.* aufgegangen. Der drollige Joschifrosch aber hat inzwischen ein reges Eigenleben entwickelt. In kleinen, bunten Heften, die man früher im Lebensmittelgeschäft beim Kauf eines Zehnerpacks Magerquark geschenkt bekam, hat er zusammen mit anderen Tieren lustige Abenteuer im Unkenwald erlebt. Die Heftchen mit den kunstvoll gereimten Episoden sind heute beliebte Sammelobjekte.

In den 70er-Jahren wurde am Rand von Unkenborn ein Vergnügungspark eröffnet, in dem noch heute die ganze Familie ein paar unterhaltsame Stunden in der großen, grünen Welt von Joschifrosch erleben kann.

In großen Seerosenblüten treibt man durch das zäh-glibbrige Wasser des Laich-Teichs, lebhaft umpaddelt von maximal hilflosen Krötenweibchen, die traditionell von einer Handvoll männlicher Exemplare gleichzeitig begattet werden.

Bei der actionreichen Krötenwanderung kann man sein Geschick beweisen, indem man hüpfend versucht, auf einer großen, feuchten Fahrbahn den heranbrausenden Riesenautos auszuweichen. Man schleckt giftgrünes Frosch-Eis und trinkt naturtrübe Lurch-Limonade, und die Eltern können sich in einem der zahlreichen Themenrestaurants die besten Froschschenkel östlich von Paris schmecken lassen oder für den ultimativen Bufotenin-Kick an einer halluzinogenen Kröte lutschen.

Einmal im Jahr, an Froschlaichnam, haben alle Kinder unter 40 Zentimetern Körpergröße freien Eintritt. Dann feiert der ganze Park das große Joschifrosch-Fest, es wird der Froschkönig gekürt, und eine große Lichterparade zieht durch den illuminierten Park. Zum großen anschließenden Show Act stehen schließlich internationale Stars wie Bata Illic, Roberto Blanco oder die Amigos auf der Bühne und schmettern zum blechernen Halbplayback den beliebten Evergreen »Quak, Quak, Quak! Joschmann-Quark macht stark!«.

Im Park locken zahlreiche bunte Buden, in denen man sich bei Spielen wie Unken-Tunken und Kaulquappen-Schnappen vergnügen kann. Und alle lieben das köstliche Frosch-Eis.

Bei der Eröffnung des Parks bevölkerten lauter bunt kostümierte Walking Acts das Gelände.

96

Auge um Auge

Die verfeindeten Dörfer Denster und Orft

Sie sollten sich nicht ungewarnt den Dörfern Denster und Orft nähern, die unweit von Zülpich eine nur scheinbare Koexistenz pflegen. Hier herrscht Krieg, und das schon seit vielen Generationen. Was verblüfft, ist der fröhliche Eifer, mit dem gekämpft wird: keine Kirmes ohne Prügelei, kein Maibaum, der länger als zwölf Stunden steht, kein Martinsfeuer, das nicht mindestens drei Tage vor Sankt Martin abgefackelt wird. Man sagt, es habe mit einer vermurksten Flurbereinigung angefangen, andere machen vergiftete Hunde oder rasierte Katzen dafür verantwortlich. Wieder andere behaupten, alles habe angefangen, als die Junggesellen aus Denster in der Kirmesnacht die im Stehen schlafenden Kühe der Orfter umgeschubst haben.

Auch wenn man seinen Spaß am Kampfgeschehen hat, kommt es doch zu Kollateralschäden. In den Siebzigern kam Walter Bronnen aus Orft nach der üblichen Karnevalsschlägerei mit einem Milzriss ins Krankenhaus und starb. Viethens Hubert wurde Pfingsten 1994 nachts auf dem Heimweg mit seinem Fahrrad nach Denster überfahren. Im Mai 2008 wurde der neue Dorfbrunnen von Denster, den die Familie Bröders gestiftet hatte, mit Gülle gefüllt. Als man diese herausschöpfte, fand man darin auch den Stifter Arnold Bröders. Die Densterer beantworteten diese Tat mit zweiundzwanzig abgesägten uralten Fichten am Ortseingang von Orft. Den Übeltäter Hans-Joachim Dorsel konnte man fassen. Er ist kein Unbekannter: Jahre zuvor hat er der Tochter des Landwirts Scholzen Zwillinge gemacht und sie dann zurück nach Orft geschickt.

Sollten Sie sich trotz aller Warnungen in das Krisengebiet begeben und Ihnen begegnet ein Mann, der nur noch das rechte Auge besitzt, handelt es sich um Schmenglers Hannes. Sein linkes Auge hat der Förster von Denster auf dem Gewissen. Fehlt jedoch das rechte Auge, ist es Dr. Frischmuth, der vor zwanzig Jahren von Denster nach Orft zog, woraufhin ihm die Witwe Pohlmann aus Denster bei seinem nächsten Hausbesuch eine Gabel ins Auge stach. Der Streit schwelt und eskaliert seit vielen Jahrzehnten in unterschiedlich ausgeprägten Wellen. Mal wird das Gemeindehaus von Denster ein Raub der Flammen, wobei Ortsbürgermeister Hermes gleich mitverbrennt, mal wird ein Densterer am Mühlrad in Orft einer Kneipp-Kur der groben Art unterzogen. Bevor Denster und Orft Freundschaft miteinander schließen, wird im Nahen Osten ewiger Frieden einkehren.

Bei diesem Streich in Orft spielten zwei Paar Sportschuhe und vier Tuben Sekundenkleber eine wichtige Rolle.

Knuppens Mattes hat gut lachen. Was er da auf dem Feld versprüht, ist kein Kuhdung, sondern das geschredderte Hochzeitsbuffet von Klöös und Traud Firgel aus Denster.

Auf seine Heugabel ist Hasseliers Köbes aus Denster mächtig stolz. Sie wurde aus dem Dachgestänge des spurlos verschwundenen Traktors von Schorsch Knööskopp aus Orft geschmiedet.

Golddorf kann ja jeder!

Das Zahngolddorf Lausig

Wer sich von Bitburg in Richtung des wildromantischen Kylltals aufmacht, übersieht leicht das halb zugewucherte Hinweisschild in Richtung Lausig, und das ist nicht das Schlechteste, was einem passieren kann. Das kleine Dorf mit seinen 39 Häusern (47 % Leerstand, teilweise schon seit Erbauung) prahlt am Ortseingang auf einer Tafel mit leuchtenden Lettern: »Zahngolddorf 1983, 1984, 1986, 1989, 1995, 1996, 1999«.

Vergeblich hatte sich der kleine Weiler wieder und wieder bei dem Wettbewerb »Unser Dorf soll schöner werden« beworben, kam jedoch nie in die engere Auswahl. Auch nicht in die weitere. Eigentlich in überhaupt keine Auswahl. Genau genommen wurden die Bewerbungsbriefe aus Lausig von der Kommission gar nicht erst geöffnet.

Nach jahrelangem Zähneknirschen kam Bürgermeister Jean Schroppwackes, der die Geschicke des zunehmend überalterten Ortes von 1964 bis 1999 lenkte, auf einen genialen Gedanken: Gemeinsam mit seinen Skatbrüdern brachte er es schon auf 23 Goldzähne, aber bei genauerer Betrachtung lebte auch sonst kaum jemand im Dorf, der nicht mindestens ein oder zwei der noch verbliebenen Zähne mit Edelmetall überkront hatte. Die Ausnahmen bildeten zu dieser Zeit nur drei Lausiger: Achim Baustert (29), Grete-Maria Lutsch (81) und Quirin Zippel (96). Letzterer besaß überhaupt keine Zähne mehr, der betagten Witwe Hartmagen wurde per Abstimmung im Ortsgemeinderat mit Entmündigung gedroht, sollte sie nicht mindestens drei Zähne vergolden lassen, und dem jungen Spross der Familie Baustert empfahl man mit größtmöglichem Nachdruck die Umsiedlung nach Hüttingen. Letztendlich besaßen nun 100 % der Dorfbevölkerung Zahngold, auf 58 Einwohner kamen insgesamt 196 Goldzähne, und um die Zahl 200 rundzumachen, wurde kurzerhand die 99-jährige Marie-Helene Schrundig aus dem Seniorenstift in Bitburg zurückgeholt und weitere 21 Jahre künstlich am Leben erhalten. Bei 348 Zähnen insgesamt betrug der Goldzahnanteil stolze 56,32 %. Das alles schreckte offenbar andere Eifelgemeinden von vornherein ab, sich mit Lausig zu messen. Als Lausig sich selbst im Jahr 1983 zum ersten Mal den Titel »Zahngolddorf« verlieh, regte sich kein Widerstand.

Bis Bürgermeister Schroppwackes 1999 im Alter von 91 Jahren verstarb, hatte Lausig den Titel ganze sieben Mal erhalten. In den Jahren dazwischen hatten Zählbetrug, kieferorthopädische Eingriffe, die falsche Mondphase und Demenz den Entscheid unmöglich gemacht.

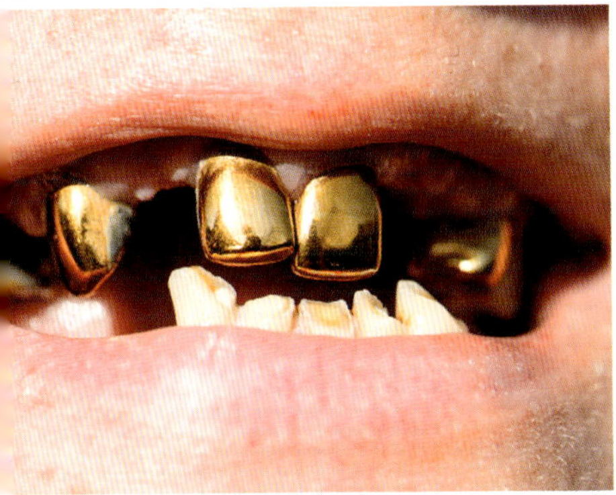

Zahngold war schon immer ein Thema im Dorf. Erst in den 80-ern kam man auf die Idee, das Edelmetall auch voller Stolz zu zeigen. Sie nennen es selbstbewusst: »Das Piercing vergangener Zeiten«.

Für Rum und Ähre!

Die Cocktailbar am Strand des Reiherweihers

Dass Malle nur einmal im Jahr ist, ist Kegelclubs wie »Die Gummibierbande«, »Dynamo Tresen« oder »Arminia Biergefällt« bekannt. Allerdings sitzt das Geld auch für diese eine Sauftour nicht mehr so locker wie früher. Und auf einmal erinnern sich die Feierbiester mit ihren noch verbliebenen Restgehirnzellen an einen der Partyhotspots schlechthin, der quasi vor der Haustür liegt: den Reiherweiher in der Eifel. Ein guter Grund, dieses Gebiet im Sommer großräumig zu umfahren!

Von der Autobahnabfahrt Polch führt die Bierschinkenstraße geradewegs zum künstlich aufgeschütteten Sandstrand des ansonsten unscheinbaren Tümpels. In der berüchtigten Pillermann-Beachbar steht Kai Pirinja hinter der Bastmatten-Theke, zapft Bier und mixt für seine berüchtigten Cocktails zusammen, was nicht zusammengehört. Der »Pfefferminz-Prinz« besteht aus Strohrum, einer Tube Aldi-Zahnpasta und einem Tässchen Palmolive (wegen der Farbe). Das Publikum an der Bar verfolgt begeistert die wilden Bewegungen des legendären Mixers und bestaunt den Sprühregen von Schweißtropfen aus den dicht behaarten Achseln, in dem sich das Sonnenlicht bricht. Es ist ein magischer Moment.

Der nächste Cocktail ist fertig: »Sex ohne Beach« heißt die kunterbunte, zähflüssige Mixtur. Sie besteht aus Schlehenfeuer, Hustensaft, Bommerlunder, Tabasco und einer Dose delphinfreundlich gefangenem Thunfisch.

Die Zuschauer klatschen mittlerweile rhythmisch mit. Jetzt schwappt der »Eifel Overkill« im Glas. Er besteht aus Apfelkorn, Blumenkohl, Grand Marnier, Slivowitz, Kirschwasser und einem Spritzer Domestos. Die Gäste lieben die exotischen Drinks, von denen man nicht einfach nur blau wird. Man macht echte Grenzerfahrungen. Kai Pirinja scheut keine Zutat. Er zerschnippelt auch die Palmolive-Seife und zermörsert die Ako-Pads. Hauptsache, die Leute haben ihren Spaß.

Kegelclubs wie »Ali Baby und die bierzig Säufer«, die »Alkohooligans« oder die »Inglorious Bierstars« fühlen sich hier wohl. Und auch bei Junggesellen und Junggesellinnen, die gerne zünftig Abschied nehmen wollen, steht der Reiherweiher hoch im Kurs.

Der Schlagersänger Hugo Slawien trällert seine größten Hits, wenn blutrot die Sonne hinter den Müllbergen untergeht, die das Ufer des Reiherweihers säumen, und die Meute brüllt frenetisch: »Gülle, Gülle, Gülle!«

Am Reiherweiher ist immer Halligalli, dafür sorgt nicht zuletzt Kai Pirinja mit seinen strammen Cocktails. Er hat in der *»Promille-Hölle«* auf Sylt gelernt, im *»Korkenzieher-König«* auf Mallorca und im *»Gelähmten Gesicht«* in Lloret gearbeitet, bevor er hierherkam.

Spätestens nach einem Eimer Broccoli-Sangria ist dir egal, wie der Strand aussieht.

99

Alle Jahreszeiten wieder

Der Ganzjahres-Weihnachtsmarkt in Fuchtelborn

Es soll Menschen geben, denen erscheint das Leben nicht lebenswert, bis im Spätsommer die ersten Lebkuchen in den Supermarktregalen auftauchen. Für diese bedauernswerten Zeitgenossen gibt es den Weihnachtsmarkt im Dörfchen Fuchtelborn bei Dahlem.

Angefangen hat alles mit dem Weihnachtshaus von Addy und Elli Dollwinkel. 124.000 kunterbunt blinkende Lämpchen haben die beiden im Laufe der letzten fünfzehn Jahre in der adventlichen Dekoration ihres Einfamilienhäuschens verbaut. Das Haus der Dollwinkels kann man seither im Winter vom Weltall aus sehen. Nach und nach begannen sie, die Nachbarhäuser mit einzubeziehen. Zunächst heimlich, aber irgendwann in offen feindlicher Übernahme. Irgendwann fielen der Zeitpunkt, an dem sie mit dem Anbringen der gewaltigen Adventsdekoration beginnen mussten, und der, an dem sie endlich mit dem Abdekorieren fertig waren, auf ein und denselben Tag. Da beschlossen sie, die Lichterketten einfach dranzulassen. Zumal immer mehr Besucher in den Ort kamen, um sich das Spektakel anzusehen.

Mittlerweile hatten sie zahlreiche Weihnachtsmarkthändler angelockt, die großes Interesse daran hatten, ihre Waren nicht nur im Dezember feilzubieten. Übers ganze Jahr kann man hier seither Nussknacker und Lichterpyramiden aus dem Erzgebirge kaufen, musizierende Christbaumständer und Zwölf-Monats-Adventskalender.

Das Weihnachtsfieber hat ganz Fuchtelborn fest im Griff. Sämtliche Blühpflanzen wurden aus den Vorgärten entfernt, aber alle Straßen sind dafür inzwischen mit Fichten gesäumt, die vor Christbaumkugeln und Flittergirlanden nur so überquellen. Jedes Fenster ist mit künstlichem Eisglitzer geschmückt. Sonntags wird die Christmette in St. Fidibus gefeiert, der Bäcker produziert rund ums Jahr Stollen, und Landwirt Wilfried Knülles hat von Rinder- auf Rentierzucht umgestellt.

Wenn im August im Pavillon auf dem Dorfplatz das offizielle Helene-Fischer-Double im Pelzmantel »Leise rieselt der Schnee« ins Mikrofon säuselt und wenn dann tatsächlich eine Flotte von Drohnen startet und eine ordentliche Portion Kunstschnee niederrieseln lässt, dann schmeckt der Glühwein, schön gekühlt, mit Eiswürfeln und Zitronenscheiben noch mal so gut. Der Weihnachtsmann steht derweil in bunten Boxershorts am Grill und röstet marinierte Gänsekeulen.

Verwirrend: Das bunte Lichtermeer von Addy und Elli Dollwinkel (unten) wird auch von Flugzeugkapitänen mitunter für New York oder Tokio gehalten.

Gäste aus Fernost planen ihre Europa-Reise so, dass die Route vom Eiffelturm zum Oktoberfest immer über die Eifel führt. Sie übernachten im *»Merry Christmas Palace«*, dem früheren *»Gasthof zum rauschigen Keiler«*.

Geteiltes Dorf ist halbes Dorf

Der ehemalige Doppelort Gesähs-Furchenthal

Es gibt wenig Schönes zu sehen, alles wirkt unvollständig und halbherzig, und dieser erste Eindruck trügt keinesfalls. In der Geschichte des Dorfes sind in der jüngeren Vergangenheit Dinge dramatisch schiefgelaufen.

Bei der Gebietsreform im Jahre 1970 wurden die Dörfer Gesähs und Furchenthal zu einem Doppelort zusammengeführt, was besonders im kleineren Ortsteil Furchenthal erbitterten Widerstand hervorrief. Die Maßnahme zeitigte nämlich denselben Effekt, der sich bei der Zusammenführung zweier Haushalte einstellt: Besteck, Bowle-Service, Trockenhaube, Mensch-ärgere-Dich-nicht-Spiel … Man besitzt plötzlich alles doppelt. Und so, wie man die Hälfte des verdoppelten Haushalts auf dem Flohmarkt verscherbelt, so erging es auch den Furchenthalern. Ihre Bäckerei schloss ebenso wie die Dorfkneipe, Kinderspielplatz, Friedhof und Kriegerdenkmal wurden eingeebnet, die Kirche St. Meniskus säkularisiert.

Die Furchenthaler wehrten sich zunächst noch mit allen ihnen zur Verfügung stehenden Mitteln, protestierten und prozessierten, doch es nützte nichts, ihr Schicksal schien besiegelt. Und so arrangierten sie sich, man vermischte sich nach und nach untereinander, bezog Doppelhaushälften und Souterrainwohnungen im anderen Ortsteil und baute neu auf bis dato fremdem Grund.

Dann aber ereignete sich eine Sensation: Im Jahre 2019 wurde aufgrund der längst vergessenen Klagewelle der Furchenthaler ganz unerwartet doch noch ein Urteil gefällt, mit dem niemand mehr gerechnet hatte. Die Zusammenlegung wurde annulliert! Nun wurde wiederum versucht, diese neue Entscheidung rückgängig zu machen, was aber trotz des Marschs durch sämtliche Instanzen nicht gelang.

Um die Durchmischung der beiden Dorfgemeinschaften rückgängig zu machen, wurde hart durchgegriffen. Dem Verursacherprinzip entsprechend mussten die Furchenthaler ihre Häuser und Wohnungen in Gesähs räumen. Diese wurden abgerissen, und neu errichtete Doppelhaushälften und Anbauten wurden dem Erdboden gleichgemacht. Seither sieht man allenthalben halbierte Häuser im halbierten Doppelort. Im alten Ortsteil gab es jedoch keine Infrastruktur mehr, die ein Leben ermöglichte, und Platz für die Vertriebenen war ohnehin nicht mehr genug vorhanden.

So endeten die Furchenthaler in den Baracken der verlassenen Kaserne im Koblenzer Vorort Vollhorst. Man hat nie wieder etwas von ihnen gehört.

Knirsch, Knaster, Krach … und dann waren sie weg, die Häuserhälften der Furchenthaler. Mit diesem herben Rückschlag hatten die Prozesshanseln aus dem Nachbardorf nicht gerechnet.

Ortsverzeichnis

Bildnachweis:

Adobe Stock (stock.adobe.com): Umschlag vorne (TristanBM, ON-Photography), 27 (o./ Yakobchuk Olena), 33 (u.r./ .shock), 39 (o./ evasilchenko), 43 (o./ hkmedia, u.l./ shootingankauf, u.r./ alephnull), 85 (SAMC), 141 (M./ Thomas Reimer), 165 (pressmaster), 183 (Rainer Fuhrmann), 195 (indeepdark), 203 (2.v.o./Светлана Лазаренко, 3.v.o./Alex), 207 (u.r./ CSS Studio); Annika Fußwinkel: Umschlag hinten (u.); Fortepan: 13 (M.); Image Creator: 11 (alle) 15 (alle), 17 (u.), 19, 25 (alle), 27 (u.) , 29, 31 (o.), 35 (o.), 41 (u.), 51 (alle), 55 (alle), 59, 63 (o.r.), 65 (o., u.r.), 67 (alle), 69 (o.l.), 71 (u.), 73, 81, 87, 89 (o.), 91, 93 (o.r.), 97, 99 (o.l., u.), 101 (alle), 103 (o.), 107 (u.), 113 (u.), 115 (o.), 117 (o.), 119 (o.), 123 (o., u.l.), 125 (o.l, o.r.), 133, 135, 137 (o., u.r.), 147, 151 (o.l., u.), 153 (u.l.), 163 (o.), 167 (o.), 169 (u.l.), 173 (o.), 177 (u.r.), 181 (u.l.), 185, 189 (u.), 197 (u.M.), 199 (o.), 205 (u.r.), 209 (o.); Ira Schneider / Die Fotoküche (www.ira-schneider.de): Umschlag hinten (o.); Pixabay: 33 (o., u.l.) 35 (u.r./ Regenwolke), 39 (u.r.), 45 (o., u.r.), 47 (u.r.), 49, 57 (M.r., u.), 63 (u.), 65 (u.l.), 77 (o.r.), 107 (o.r.), 111 (o.), 113 (o.l.), 121, 125 (o.M., u.), 127, 131 (M.), 135 (u.), 137 (u.l.), 139 (u.), 141 (o., u.l.), 143, 153 (u.r.), 159 (u.r.), 163 (u.l.), 169 (o.), 173 (u.), 177 (u.l.), 179 (alle), 187 (u.), 189 (o., M.), 191 (o.l.), 193 (u.l.), 197 (u.r.), 199 (u.r.), 201 (o.l.), 205 (M.l., u.l.), 207 (o., u.l.); Privat: 17 (o.), 27 (u.r.), 47 (u.l.), 75, 79, 93 (u.), 95 (u.M.), 103 (u.), 105 (o.r.), 109, 113 (o.r.), 115 (u.), 119 (u.l.), 129, 131 (o., u.r.), 149 (o., u.l.), 151 (o.r.), 157 (o.), 159 (u.l.), 163 (u.r.), 181 (u.r.), 191 (o.M.), 193 (o.), 197 (o., u.l.); Reddit: 21 (o.r./r/Austin); Wikimedia Commons: 13 (o., u./Pakeha), 21 (o.l., u.), 23 (o. / Tongass, u.), 27 (u.l.), 31 (u.), 35 (u.l.), 37 (alle), 39 (u.l.), 41 (o.), 45 (o., u.r.), 47 (o.), 53 (alle), 57 (o., M.l.), 61 (alle), 63 (o.l.), 69 (o.r., u.), 71 (o.), 77 (o.l., u.), 83 (alle), 85 (o.), 89 (u.), 93 (o.l.), 95 (o., u.l, u.r.), 99 (o.r.), 105 (o.l., M.l., u.), 111 (u.), 117 (u.), 119 (u.r.), 123 (u.r.), 129 (o.r.), 131 (u.l.), 139 (o.), 141 (u.r.), 145 (alle), 149 (M.r., u.r.), 153 (o.), 155, 157 (M. u.), 159 (o., M.r.), 161 (alle), 167 (u.), 169 (u.r.), 171 (alle), 175 (alle), 177 (o.), 181 (o., M.), 187 (o.), 191 (o.r., u.), 193 (u.r.), 199 (u.l.), 201 (o.r., M.r., u.), 203 (o.l., M.r., u.l.), 205 (o.), 209 (u.)

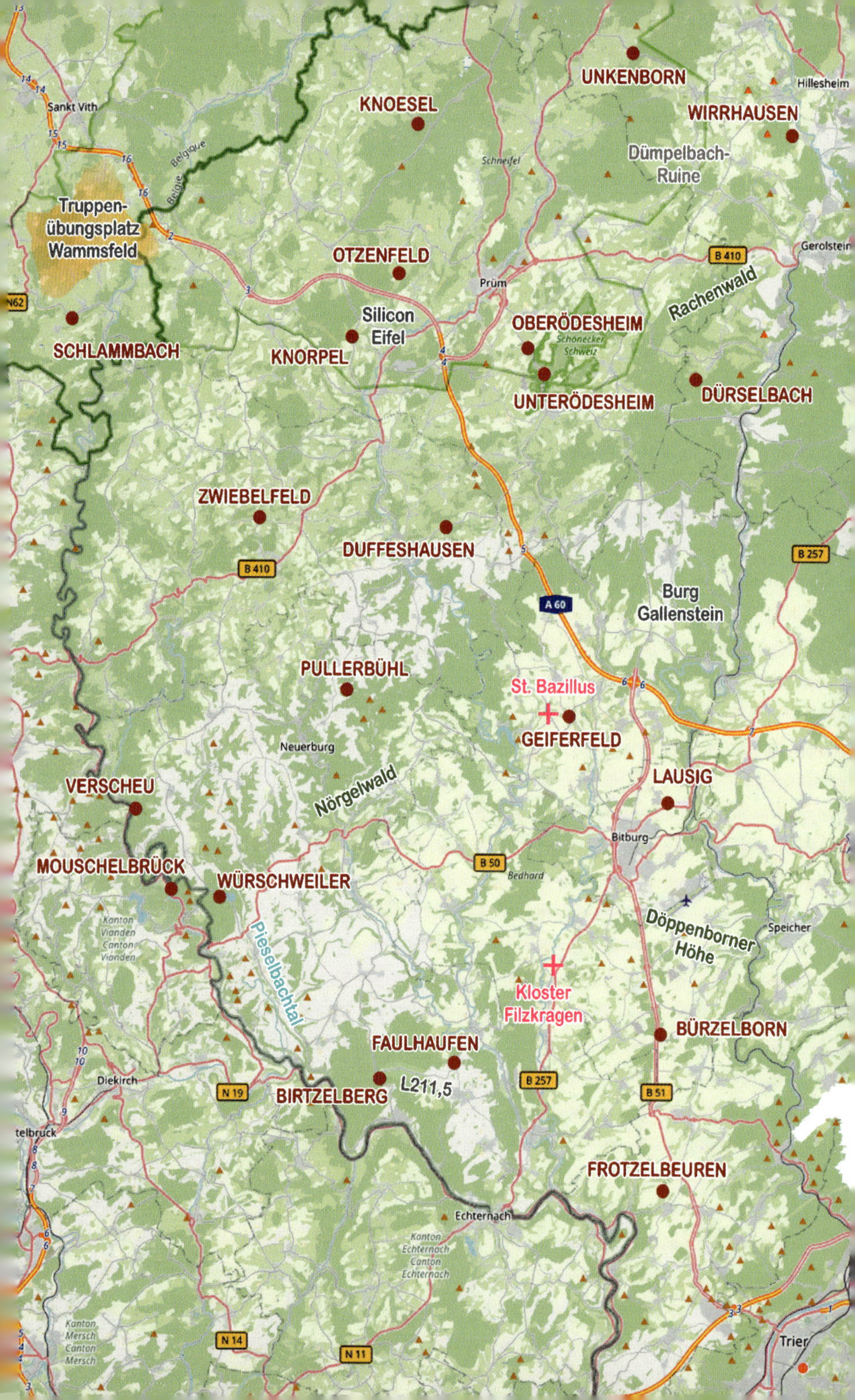

Sankt Vith
Truppen-
übungsplatz
Wammsfeld
Belgique
België
KNOESEL
UNKENBORN
Hillesheim
WIRRHAUSEN
Dümpelbach-
Ruine
Schneifel
OTZENFELD
B 410
Gerolstein
Rachenwald
N62
SCHLAMMBACH
Silicon
Eifel
Prüm
KNORPEL
OBERÖDESHEIM
Schönecker
Schweiz
UNTERÖDESHEIM
DÜRSELBACH
ZWIEBELFELD
DUFFESHAUSEN
B 410
B 257
A 60
Burg
Gallenstein
PULLERBÜHL
St. Bazillus
GEIFERFELD
Neuerburg
Nörgelwald
LAUSIG
VERSCHEU
Bitburg
B 50
Bedhard
MOUSCHELBRÜCK
WÜRSCHWEILER
Kanton
Vianden
Canton
Vianden
Pieselbachtal
Döppenborner
Höhe
Speicher
Kloster
Filzkragen
BÜRZELBORN
FAULHAUFEN
Diekirch
N 19
BIRTZELBERG
L211,5
B 257
B 51
FROTZELBEUREN
Echternach
Kanton
Echternach
Canton
Echternach
Kanton
Mersch
Canton
Mersch
N 14
N 11
Trier